Brigitte Hamann

Ein Herz und viele Kronen

Die Autorin:

Brigitte Hamann wurde in Westfalen geboren und lebt heute mit ihrer Familie in Wien. Als Historikerin arbeitete sie bisher hauptsächlich über die Habsburger. Sehr bekannt wurde sie durch die Biographien ›Elisabeth‹ und ›Kronprinz Rudolf‹. Das jüngste von der Autorin herausgegebene Buch trägt den Titel: ›Die Habsburger. Ein biographisches Lexikon‹. Der vorliegende Band ist ihr erstes Kinderbuch.

Brigitte Hamann

Ein Herz und viele Kronen

Das Leben der Kaiserin Maria Theresia

Mit Illustrationen von Rolf Rettich

Deutscher
Taschenbuch
Verlag

dtv

Für die Taschenbuchausgabe im Einvernehmen mit der Autorin
leicht bearbeitet, Bildauswahl
1. Auflage Oktober 1988
Deutscher Taschenbuch Verlag GmbH & Co. KG, München

ISBN 3-8000-2249-4
Umschlaggestaltung: Celestino Piatti
Umschlagbild: Rolf Rettich
Gesetzt aus der Garamond 10/12
Gesamtherstellung: Ebner Ulm
Printed in Germany · ISBN 3-423-70149-8
2 3 4 5 6 7 · 94 93 92 91 90 89

»Sie ist ja nur ein Mädchen«, sagten Kaiser und Kaiserin, der kaiserliche Oberzeremonienmeister, der Erzbischof und selbst der jüngste der Laternenanzünder in der Wiener Hofburg. Es wäre doch alles viel leichter, wenn sie ein Bub wäre. Ein Mädchen kann doch nicht regieren, schon gar nicht so viele Länder auf einmal: Österreich, die Königreiche Ungarn, Böhmen, Neapel-Sizilien, die Lombardei, die österreichischen Niederlande (das heutige Belgien) und andere Länder. »Das hat bei uns noch nie ein Mädchen gekonnt«, sagten die Leute am Wiener Kaiserhof und warteten weiter sehnsüchtig auf die Geburt eines kaiserlichen Prinzen.

Die kleine Therese – oder »Reserl«, wie die Eltern sie nannten – ließ sich durch diese Reden nicht verdrießen. Sie war eine Prinzessin, ein »durchlauchtigstes Kind«, die älteste Tochter des mächtigen Kaisers Karl VI. in Wien. Aber sie dachte gar nicht daran, einmal Kaiser oder König zu werden.

Mit ihrer kleineren Schwester Maria Anna, dem »Nannerl«, wurde sie als Mädchen und nicht als zukünftige Herrscherin erzogen. Sie lernte neben rechnen und schreiben auch klavierspielen und singen. Sie lernte tanzen und sticken und häkeln. Sie spielte mit ihrer Lieblingspuppe, und sie hatte auch einen Lieblingshund, einen ganz kleinen, gefleckten, weichen Hund, den sie gerne auf dem Arm umhertrug. Es war *S. 120
ein sehr vornehmer Hund, von einer Rasse, die längst ausgestorben ist, weil so vornehme Hunde auch sehr

* Ein Sternchen mit Seitenangabe neben dem Text verweist auf eine nähere Erläuterung im Anhang (Seiten 120 bis 126).

empfindlich sind. Die Rasse hieß »Papillon«, was auf französisch »Schmetterling« heißt. So leicht und lustig war auch Reserls Papillon. Man sieht ihn heute noch auf vielen alten Bildern neben Maria Theresia und ihren Kindern. Denn er war auch der Liebling der Hofmaler.

Reserl war ein wenig einsam in der kaiserlichen Winterwohnung, der düsteren alten Hofburg in Wien. Manchmal war ihr auch unheimlich unter den vielen Ahnenbildern. 16 Generationen gemalter Habsburger Vorfahren hingen in den Ahnensälen und den langen Gängen der Wiener Hofburg an der Wand. Vater – Großvater – Urgroßvater – Ururgroßvater – Urururgroßvater – bis zu vierzehnmal Ur: also Ururururururururururururgroßvater Rudolf – lauter Habsburger Könige und Kaiser, 500 Jahre hindurch.

Reserls Großvater war Kaiser Leopold I.; er hatte viele Töchter, aber nur zwei Söhne. Der älteste Sohn Joseph folgte ihm auf den Kaiserthron. Aber Joseph starb schon nach sechs Regierungsjahren. Dann wurde der zweite Sohn Karl – Reserls Vater – Kaiser. Damals war er schon mit Elisabeth Christine von Braunschweig-Wolfenbüttel verheiratet. Und sie wiederum hatten drei Kinder – drei Mädchen!

Es gab keinen kaiserlichen Buben, der diese 500jährige Reihe fortsetzen konnte, keinen Bruder, keinen Vetter ersten Grades, keinen Vetter zweiten Grades, keinen Onkel, keinen Neffen. Selbst die habsburgischen Verwandten in Spanien waren alle gestorben.

Reserl lernte schon früh, wie wichtig es für einen allerdurchlauchtigsten Kaiser ist, wenigstens einen einzigen Sohn für die Nachfolge zu haben. Denn wenn kein Nachfolger da ist (oder nur ein Mädchen wie sie), dann wurden die Nachbarn habgierig. Dann gab es Krieg und Not für die armen Untertanen, die gar nicht mehr wissen, wer denn eigentlich ihr Herr ist. Das verstand Reserl gut.

Reserls Vater, der Kaiser, hatte miterlebt, wie es nach dem Aussterben der spanischen Habsburger in Spanien zugegangen war. Die Länder wurden auf die Nachbarn verteilt, und nicht nur das: es gab einen schlimmen und langen Krieg in Europa (den »Spanischen Erbfolgekrieg«), bis die Könige und Fürsten sich über die Aufteilung des Erbes einigten. Karl fürchtete nun, daß sich das gleiche auch in Österreich abspielen könnte, im Falle daß er, Kaiser Karl VI., keinen Buben bekommen sollte, der Kronen und Herrschaft übernehmen konnte.

Der Kaiser rief die besten Rechtsgelehrten des Reiches an den Hof und beauftragte sie, ein Gesetz über die Erbfolge auszuarbeiten. Dieses Gesetz schrieb vor, daß die verschiedenen Königreiche und Länder, in denen das Haus Habsburg regierte, niemals voneinander getrennt und schon gar nicht auf verschiedene Familienmitglieder aufgeteilt werden dürften.

Streitereien und Schwierigkeiten wollte der Kaiser zuvorkommen. Das neue Gesetz entschied, daß nur ein einziger erben konnte, und zwar der älteste Bub (auf den man ja so dringend wartete). Wenn allerdings kein kaiserlicher Bub vorhanden wäre, dürfte ein anderer männlicher Habsburger erben. Wenn aber in der ganzen kaiserlichen Familie kein männlicher Erbe vorhanden war, dann sollte die älteste Tochter des regierenden Kaisers erben, und nach ihr wieder ihre Kinder.

Maria Theresia wurde also mit diesem Gesetz die kaiserliche Erbtochter. Sie hatte nun, so klein sie auch war, überall den Vorrang vor den anderen Habsburge-
*S. 120 rinnen, ihren Tanten, den Töchtern von Reserls Großvater, Kaiser Leopolds I. (sie hießen am Hof die »leopoldinischen« Töchter) und vor ihren Kusinen, den Töchtern von Reserls Onkel, Kaiser Joseph I. (sie hießem am Hof die »josephinischen« Töchter und gönnten der kleinen »karolinischen« Tochter Reserl den Vorrang ganz und gar nicht. Aber Reserl ärgerte sich nicht darüber. Sie wußte ja, daß sie ihren Vorrang sofort abgeben mußte, wenn der »Bub« kam.).

Doch ein Gesetz allein ist noch nicht alles. Das Gesetz muß auch befolgt werden: von den Nachbarkönigen und von den Erbländern selbst. Denn sonst fallen sie von der Erbtochter ab und gehen zu einem anderen König über oder werden selbständig.

Kaiser Karl hatte also sein ganzes weiteres Leben lang mit diesem Gesetz, der »Pragmatischen Sanktion«, zu tun. Er mußte seinen eigenen Ländern und auch seinen Nachbarn viele Geschenke geben, damit sie versprachen, dieses Gesetz zu achten. Und während seine königlichen Nachbarn reicher und reicher wurden, wurde Kaiser Karl ärmer und ärmer und sein Reich kleiner und kleiner. Aber Reserls Vater war trotzdem zufrieden. Denn er hatte ja das feierliche Versprechen der großen Mächte, die österreichischen Länder auch nach seinem Tod nicht aufzuteilen.

Freilich wurde der gutgläubige Kaiser von dem schon alten und kranken Prinz Eugen gewarnt; der war bereits unter Kaiser Leopold und Kaiser Joseph ein berühmter und erfolgreicher Feldherr im Krieg gegen die Türken gewesen.

»Euer Majestät«, sagte er immer wieder. »Ihrer Erbin wäre mehr gedient, wenn Sie ihr statt eines Gesetzes über die weibliche Nachfolge 100 000 Mann wohlbewaffnete Soldaten und eine gefüllte Schatzkammer hinterließen.«

Doch der Kaiser hörte nicht auf diese Warnungen. Niemand würde seiner Reserl das Erbe abstreiten. Soldaten würde sie nicht brauchen, weil es ja keinen Krieg geben würde. Alle Könige hatten ihr feierliches Versprechen gegeben. Und der Kaiser war überzeugt, daß alle Könige ehrlich sind und ihr Wort halten. Konnte ein Herrscher einen anderen Herrscher betrügen und bestehlen? Nein, das gab es nicht.

Während der Vater jahrelange Verhandlungen über die Pragmatische Sanktion führte und auf den »Buben« wartete, lernte Reserl brav, was ihre kaiserlichen Vorfahren geleistet, wann und wie sie um wie viele Länder Krieg geführt und welche Länder sie erheiratet hatten. Denn das Erheiraten von Ländern war eine habsburgische Spezialität. »Andere mögen Kriege führen, du, glückliches Österreich, heirate«, sagten die Leute.

Aber Reserl glaubte nicht alles, was die Lehrer ihr sagten. Sie war manchmal trotzig und konnte nicht einsehen, warum Kaiser nicht Fehler machten wie andere Menschen auch. Und überhaupt: sie wollte nicht immer nur Geschichten von ihren Urahnen hören. Sie wollte auch lachen und etwas Lustigeres sehen als die Ahnenbilder an der Wand.

Zum Beispiel freute sie sich auf den Winter und auf den Schnee. Denn wenn endlich genug Schnee gefallen war, das wußte sie, dann gab es Schlittenfahrten. Das war jedesmal ein ganz großes Ereignis. Tagelang vorher waren die Straßen und Plätze der Inneren Stadt mit Ketten abgesperrt. Niemand durfte in den Schnee treten und die weiße Pracht zerstören. Und wenn immer noch zuwenig Schnee für die kaiserliche Schlittenfahrt in der Stadt lag, dann mußten Schneeschaufler kommen und von überall her Schnee zusammentragen und auf den Schlittenweg schütten.

Die Schlittenpferde trugen einen hohen Kopfputz aus bunten Federn, und am Geschirr waren lauter goldene Glöckchen befestigt, die lustig bimmelten. Reitknechte in Uniform liefen neben den Pferden, um sie zu führen. Die Herrschaften saßen in bunten, geschnitzten, sehr kostbaren Schlitten und waren in Pelze gehüllt. Meistens fuhr auch ein besonders großer Schlitten mit Trompetern und Paukern mit. Denn Musik gehörte in Wien zu einer richtigen Schlittenfahrt dazu wie die kleinen goldenen Schlittenglöckchen.

Kaiser und Kaiserin und Kaisertöchter, der Obersthofmeister und die anderen Würdenträger des Hofes zogen so in einem langen Schlittenzug mit Schlittengeläute von einem großen Wiener Platz zum anderen. Und auf jedem Platz machten sie mindestens eine Runde. Die Leute strömten von weither zusammen, um dieses Schauspiel mitzuerleben. Und die kleine Reserl in ihrem Schlitten winkte den Kindern am Straßenrand zu.

Reserl freute sich auch auf den Sommer. Den verbrachte die Kaiserfamilie in ihrem Sommerschloß, der »Favorita«, was soviel heißt wie Lieblingsschloß. Hier gab es einen großen Garten mit gestutzten Hecken und zwei riesigen Teichen. Auf diesen Teichen wurden Theaterstücke aufgeführt, vor allem Seeschlachten mit vielen Ruderbooten und vielen kostümierten Fürsten und Grafen und selbstverständlich einem großen Orchester. Manchmal dirigierte sogar Kaiser Karl höchstpersönlich seine eigenen Kompositionen, denn er wäre viel lieber Komponist als Kaiser geworden. Reserl und Nannerl warteten ungeduldig auf die Zeit, wo sie auch als Sängerinnen und Schauspielerinnen mitmachen durften.

Und die beiden Prinzessinnen freuten sich auf die feierlichen Kirchgänge jedes Jahr: Zu Leopoldi im No- *S. 121
vember zog der Hof mit vielen Kutschen nach Klosterneuburg. Nach den kirchlichen Feiern gab es ein gutes Essen im Stift, und dann übernachtete die kaiserliche Familie in den prächtigen »Kaiserzimmern« in Klosterneuburg.

In der Karwoche ging es in den Wiener Vorort Hernals. Dort wanderte die Kaiserfamilie in kostbaren Bußgewändern mit allen Würdenträgern auf den dortigen Ölberg mit den Kreuzwegstationen. Selbstverständlich kamen auch jetzt wieder viele Leute zusammen, um dieses Schauspiel mitzuerleben.

Der Höhepunkt des Jahres war aber der feierliche »Umgang« zu Fronleichnam, wenn der Kaiser mit seiner Familie hinter dem »Himmel« zu Fuß durch die Straßen von Wien zog.

Wien war damals noch eine mittelalterliche Stadt, umgeben von einer Stadtmauer mit sechs Stadttoren, die am Abend zugesperrt wurden. Wer trotzdem noch in die Stadt wollte, mußte Sperrgeld bezahlen. Die Häuser waren hoch und sehr eng zusammengedrängt. Daher waren viele der 83 Wiener Straßen auch bei Tag dunkel und rochen außerdem nicht gut: Der Abfall wurde einfach auf die Straße geworfen.

Eine Pflasterung gab es nicht. Die großen Straßen waren mit kleinen Steinen, ähnlich wie Kieselsteine, bestreut, die kleinen Straßen waren oft sehr lehmig. Damit man überhaupt gehen konnte, waren Trittsteine mitten in dem Unrat angebracht. Die Frauen mit den schweren Wassereimern schritten von einem Trittstein zum nächsten und mußten sich hüten, daß die langen Röcke nicht schmutzig wurden.

Vor 200 Jahren gab es ja noch keine Wasserleitungen. Die Frauen mußten mit Eimern das Wasser von den Brunnen in die Häuser holen und oft viele Stiegen hinaufschleppen. Auch das war ein Grund, warum sich die Leute damals sehr viel weniger wuschen als heute: das Wasserschleppen war allzu mühsam!

Wer einen Weg hatte, ging meistens zu Fuß, jedenfalls alle Leute, die nicht reich waren, und das waren die meisten. Das Gepäck zogen sie in einem kleinen Handwagen hinter sich oder schoben es mit einer Schubkarre vor sich her.

Die vornehmen Leute mieteten sich einen Fiaker mit zwei Pferden, was so ähnlich ist wie ein Taxi heute. Eine Fiakerfahrt kostete innerhalb der Stadtmauern einen »Siebzehner«, also ein Münzstück im Wert von 17 Kreuzern. Eine Stunde Fiakerfahrt kostete zwei Siebzehner, und ein Fiaker für einen Tag mit Kutscher kostete 2 Gulden 30 Kreuzer. Das war nicht gerade billig, wenn man bedenkt, daß ein Mittagessen im Gasthaus nur 8 bis 10 Kreuzer kostete.

Auch ein Tragsessel, eine Sänfte, war teuer. Wer von zwei Trägern in einer Sänfte bequem durch die Stadt getragen werden wollte, mußte dafür je nach Entfernung einen bis zwei Siebzehner bezahlen. Bei diesen Preisen gingen fast alle Wiener lieber zu Fuß.

Am Abend wurde die große enge Stadt noch sehr viel dunkler. Es gab zwar 1654 Laternen, aber für so eine große Stadt ist das nicht viel, auch wenn die städtischen Laternenanzünder hart arbeiten mußten, um diese Laternen täglich mit neuem Unschlitt, einer Art billigem Wachs, zu füllen, jeden Abend anzuzünden und in der Nacht, wenn die meisten Leute schliefen, wieder auszulöschen.

Reserl und Nannerl bekamen natürlich die engsten und ärmsten und am schlechtesten riechenden Gassen mit den schmutzigsten Kindern nie zu Gesicht. Aber schon die Hauptstraßen, die der Hof beim feierlichen Umgang zu Fronleichnam von einer Kirche zur anderen nahm, waren für die kleinen Prinzessinnen spannender und aufregender als alle Kirchenfeiern. Sie freuten sich jedesmal auf all die fremdartigen Gerüche und fremdartigen Geräusche in der für sie so fremdartigen Hauptstadt Wien.

Vor allem freuten sie sich aber über die Leute in Wien. Denn das waren ja Menschen, die sie am Hof nie zu sehen bekamen. Sie nannten sie die »Ungepuderten«. Denn sie hatten nicht die weißen Perücken, wie man sie am Hof trug, und nicht einmal feinfrisierte, gepuderte Haare. Sie trugen »natur«. Denn sie waren nur Schneider oder Bäcker oder Knechte oder Kutscher und hatten andere Sorgen als ihre Frisur.

Und außerdem: selbst wenn ein Bäcker sich hätte feinmachen wollen wie ein Graf, so wäre ihm das nicht erlaubt gewesen. Denn es gab eine kaiserliche Kleiderordnung, worin genau vorgeschrieben war, was adelige Leute und was nichtadelige Leute tragen durften. Ein Bäcker durfte keine gepuderten Haare haben und auch keine Schuhe mit rotem Absatz, auch keine Goldborten am Rock und keinen Schmuck und keine Edelsteine.

All das durften nur die Adeligen. Selbst wenn ein Bäcker so viel Geld gehabt hätte wie ein Fürst, er hätte niemals edelsteinbesetzte Schuhe tragen dürfen. Er mußte bei seinen schwarzen, derben Schuhen bleiben, die er mit Bändern verschnüren mußte. Denn auch Schnallen waren für ihn verboten.

Reserl und Nannerl wunderten sich auch über die Kinder, die nichts an den Füßen hatten und mit nackten schmutzigen Füßen mitten im Schlamm an der Straße standen und ihnen zuwinkten. Wie doch diese Leute merkwürdig angezogen waren! Noch viel armseliger als der allerletzte kaiserliche Holzträger, der am Abend im Kamin der kaiserlichen Kindskammer das Holz nachlegte.

Reserl und Nannerl bestaunten die vielen fremden und arm aussehenden Leute, die da am Straßenrand standen: die schmutzigen Kinder, die Bettler, die Lavendelfrauen, die Dienstmädchen, die Sesselträger, die Maronibrater . . . Oft hatten Reserl und Nannerl Mitleid und machten sich um die Leute am Straßenrand Sorgen. Aber die Aja, die kaiserliche Kinderfrau, sagte ihnen, daß der Kaiser alle diese armen Leute reich beschenke.

Und wirklich: der kaiserliche Almosenier (Almosengeber) war auch meistens dabei und verteilte Geldstükke. Aber wie lang diese Geldstücke reichten, wußten die Kinder nicht. Und sie dachten auch nicht daran, daß es außer diesen Leuten, die an der Straße standen und beschenkt wurden, noch viele andere gab, die weiter entfernt wohnten oder zu krank waren, um den Weg bis zu den kaiserlichen Kutschen zu machen. Niemals hatten sie Gelegenheit, mit den Kindern auf der Straße persönlich zu sprechen. Denn die Aja paßte sehr auf, daß die »allerdurchlauchtigsten« Kinder nicht mit all dem Schmutz und den Krankheiten in Verbindung kamen.

»Kaiserliche« und alle anderen Kinder – das waren ganz verschiedene Welten. Die einzigen Kinder, die mit den kaiserlichen Kindern spielen durften, waren die Kinder der Fürsten und Grafen. Diese Kinder waren ebenso prächtig angezogen wie die kaiserlichen Kinder und hatten ebenso gepuderte und feingelockte Haare. Sie hatten auch alle die gleichen zierlichen Schuhe. Und sie sprachen dieselbe Sprache – oder dieselben Sprachen: Italienisch, Französisch und ein wienerisches Deutsch.

1723 stand ein großes Ereignis bevor. Kaiser Karl
*S. 121 VI. wurde in Prag zum Böhmischen König gekrönt.

Reserl und Nannerl durften ihre Eltern auf die Reise begleiten. Viele Kutschen mit prächtigen Pferden machten sich auf den langen Weg von Wien nach Prag. Zwölf Tage dauerte die Reise, und die Hofgesellschaft übernachtete jedesmal an einem anderen Ort. Das war ein Gewimmel in Stockerau, in Hollabrunn, in Znaim, in Pirnitz und den anderen Nachtlagern! Aus mehr als 100 Kutschen stiegen die müden Reisenden aus, durchgerüttelt von den schlechten Wagen, staubig, weil ihnen der Fahrtwind ins Gesicht blies. Die Bürgermeister, die Pfarrer, die Lehrer, die Dorfkinder, eigentlich alle Einwohner dieser Rastorte standen stundenlang bereit, um den Hof würdig zu empfangen. Jedermann wollte wenigstens einmal in seinem Leben den Kaiser und die Kaiserin und die beiden Kaisertöchter sehen, wenn auch nur von weitem. Wer konnte schon wissen, ob der Hof noch einmal in Hollabrunn oder Znaim zu tun hatte!

Es gab alle Hände voll zu tun. Die Fremden hatten Hunger. Die Pferde brauchten frisches Heu und Hafer und Wasser und einen Stall für die Nacht. Die Kutschen mußten ausgebessert werden, auch die mit den goldenen Rädern. Zwar waren auch der kaiserliche Leibkoch und der Hofzuckerbäcker in besonderen Kutschen mitgekommen und hatten Töpfe und Geschirr und Gewürze und Tischtücher und Bestecke und vor allem auch die Lieblingsspeisen des Kaisers und der Kaiserin und der Kaisertöchter auf die Reise mitgenommen. Der kaiserliche Perückenmacher und die Hofbarbiere hatten große Pudertöpfe, Scheren, Rasiermesser, Seife, Pinsel und Handtücher und viele anderen Sachen bei sich. Aber sie alle, die den Kaiser und die vornehmen Herrschaften bedienen mußten, ließen sich auf Reisen gerne selber bedienen. Vor allem die Lakaien, die rote Uniformen mit Goldborten trugen, ließen sich von den Dorfmädchen umschwärmen und verwöhnen. Und sogar die kaiserlichen Stallburschen, die sonst nicht viel zu sagen hatten, genossen es jetzt sehr, »kaiserlich« zu sein und angestaunt zu werden.

Weitaus am meisten anstaunen aber ließ sich ein Zwerg. Er war kein gewöhnlicher, sondern ein ganz besonderer Zwerg. Denn Kaiser Karl hatte ihn schon aus Spanien mitgebracht und mochte ihn besonders gern. Er hatte ihn sogar zum Baron gemacht und ihm einen Namen gegeben. Der Zwerg hieß nun »Baron Klein«.

Aber Baron Klein hatte einen großen Kummer: niemand am Hof sprach ihn mit »Baron Klein« an. Jedermann sagte einfach »Zwerg Hänsel« oder nur »Hänsel« zu ihm.

Auf der Reise aber war das anders: die Bauernmädchen, die ihn bedienten, wußten nur seinen rechtmäßigen Namen und sprachen ihn ehrfurchtsvoll mit »Baron Klein« an, knicksten sogar vor ihm, was am Wiener Hof nie ein Mädchen tat.

Die »Kaiserlichen« brauchten in Hollabrunn und in Znaim tausenderlei Sachen, und die Einwohner rannten geschäftig hin und her und brachten alles, was nötig war. Sie wußten, daß sie dafür Goldstücke bekamen. Die konnten sie gut brauchen. Ach, käme doch der Hof mit seinen rot-goldenen Lakaien und seinen vielen Goldstücken nur häufiger nach Pirnitz oder nach Hollabrunn, wünschten sie sich.

Reserl und Nannerl konnten sich nicht satt sehen an all den Neuigkeiten, die tagsüber an dem Kutschenfenster vorbeiflitzten und die sie nachts in den fremden Schlössern, Klöstern und Gasthöfen zu sehen bekamen.

Drei Monate wohnte nun auch der neugekrönte böhmische König mit seiner Familie in der alten Prager Burg, dem Hradschin. Reserl erinnerte sich später gerne an die Feste und an die feierliche Krönung im Veitsdom. Unvergeßlich war ihr diese Zeit aber wegen ganz etwas anderem: hier in Prag lernte die fast sechsjährige Reserl den damals fünfzehnjährigen Erbprinzen Franz Stephan von Lothringen kennen.

Es war Liebe auf den ersten Blick. Franzl – oder wie die Wiener sagten: »der schöne Franzos« – wurde Reserls Spielgefährte, Reserls Freund und Vertrauter. Von dem Moment an, als Franzl in ihre Nähe kam, war Reserl nie mehr einsam.

Jedermann außer der kleinen Prinzessin wußte, daß Franz wahrscheinlich einmal ihr Mann werden sollte. Franzl war so etwas wie ein kaiserlicher Rettungsanker: Falls der ersehnte Habsburger Bub doch nicht kommen sollte, dann brauchte man wenigstens einen kaiserlichen Schwiegersohn. Weil eine Frau ja nicht regieren kann, auch wenn sie Erbin ist. Und dieser Schwiegersohn sollte schon früh die Habsburger Sitten kennenlernen und eine Art Ersatz-Habsburger werden.

Franzls Großmutter war eine Habsburgerin, und Franzls Großvater, Karl von Lothringen, hatte tapfer *S. 121 für Österreich gegen die Türken gekämpft. Franzls Vater war mit Reserls Vater eng befreundet. Vor allem aber: Franzl war der Liebling des Kaisers. Nicht nur deshalb, weil er so hübsch war und so lustig erzählen konnte und den armen Kaiser sogar manchmal zum Lachen brachte. Sondern vor allem deshalb, weil Franzl ein so guter Jäger war.

Das ist zwar nicht gerade ein Grund, einen eher armen Prinzen zum kaiserlichen Schwiegersohn und künftigen Kaiser zu machen. Aber der Kaiser liebte die Jagd über alles und deswegen auch den Franzl und bevorzugte ihn vor allen anderen Bewerbern um die Hand seiner Tochter. Ein entscheidendes Wort wie: »Der oder kein anderer!« sagte er freilich nicht. Er zögerte noch lange.

Für Reserl war Franzl der hübscheste aller Prinzen der Welt. Er hatte strahlend blaue Augen, lachte gern, wußte die komischsten Sachen zu erzählen und blieb dabei doch galant und höflich. Reserl himmelte ihn an. Sie lernte von nun an besonders fleißig. Denn als Belohnung durfte sie mit Franzl plaudern oder spazierengehen, und das war das allerschönste am ganzen Tag.

»Seit meinem fünften Jahr waren mein Herz und mein Geist erfüllt von diesem einen Menschen«, sagte

Maria Theresia später über Franzl, als sie eine alte Kaiserin war und auf ihr langes Leben zurückblickte.

Nur eines ärgerte sie: daß Franzl so oft und so gerne auf die Jagd ging. Und sie konnte überhaupt nichts dagegen tun, weil es ja der Vater war, der ihn mitnahm. Reserl war eifersüchtig und zornig und weinte sich bei Nannerl aus. Hätte Franzl nicht in der Hofburg bleiben und mit ihr plaudern können? So saß die kleine Prinzessin viele Tage im Jahr allein über ihren Büchern in einem ihrer wunderschönen Schreibzimmer in einem der wunderschönen Habsburger Schlösser und schimpfte auf die Jagd, die ihr »ihren« Franzl wegnahm. Reserl freute sich auch gar nicht, wenn Franzl ihr am Abend stolz die Jagdlisten vorlas: so erlegte er zum Beispiel an einem einzigen Tag in den Donauauen bei Orth 58 Hirsche, und bei einer »Sauhatz« in Purkersdorf brachte Karl VI. 200 Wildschweine zur Strekke, Franzl immerhin 100.

Reserl lernte Deutsch, Französisch, Italienisch, Latein, das man in Ungarn sprach, und außerdem noch Spanisch. Franzl dagegen hatte kaum Zeit zum Lernen. Er ging auf die Jagd.

Seine Jagden zogen sich über das ganze Jahr. Von März an wurden Schnepfen gejagt, ab April bis Ende Juni war die Reiherbeize in Laxenburg. Von Ende Juni bis Ende September, wenn die kaiserliche Familie in der Favorita wohnte, wurden in der Umgebung von Wien Hirsche und sogar Bären geschossen.

Es gab damals noch viel mehr Wild als heute – und die Bauern stöhnten sehr über die Schäden, die das Wild und die Jäger auf den Feldern anrichteten.

Anfang Oktober fuhr der Kaiser mit seiner Familie

nach Schloß Halbthurn im heutigen Burgenland, um von dort aus Hasen und Fasane zu jagen. Wenn die Kaiserfamilie im Winter in der Hofburg in Wien wohnte, ging der Kaiser auf die Jagd nach Wildschweinen. Und fast immer nahm er den Franzl mit!

Reserl freute sich jedes Jahr auf die Fastenzeit. Nicht, weil sie dann weniger zu essen bekam, sondern weil in der Fastenzeit keine Jagden waren. Dann hatte Franzl mehr Zeit.

Aber auch Reserl und Nannerl mußten schießen lernen. So wollte es der Vater und auch die Mutter, die eine sehr gute Jägerin war. So ging dann manchmal die ganze kaiserliche Familie auf die Jagd. Reserl und Nannerl zogen sich feste Lederschuhe statt ihrer Seidenschühchen an, ein grünes Lodenkostüm statt der perlenbestickten Kleider, sie setzten Jägerhüte auf und nahmen ihre wunderschön verzierten kleinen Jagdgewehre mit.

Die Tiere mußten nicht erst mühsam gesucht werden. Sie waren schon von Treibern auf engstem Raum zusammengetrieben, damit die kaiserliche Familie sich beim Schießen nicht so anstrengen mußte.

Die großen Hirsche wurden zum Beispiel in die Donau getrieben und mit Netzen und Stöcken daran gehindert, fortzurennen oder fortzuschwimmen. Dann kam die kaiserliche Jagdgesellschaft und schoß sie ab, oft viele hundert an einem Tag.

Wie gräßlich Reserl das fand! Wie sie sich grauste, wenn der Fluß rot wurde vom Blut der Tiere! Und wie sie weinte und vor Tränen überhaupt nicht zum Abschuß kam mit ihrem wunderschön verzierten kleinen Jagdgewehr! Nie im Leben würde sie freiwillig auf eine

Jagd gehen. Das schwor sie sich und hielt diesen Schwur später auch ein.

Die Eltern wußten natürlich, daß Reserl die Jagd nicht mochte. Aber sie nahmen sie trotzdem immer wieder mit. Denn ein kaiserliches Kind, auch wenn es ein Mädchen ist, muß schießen und jagen lernen. Das war so Brauch. Da half kein Weinen.

Einmal hatte der Vater auf einer Schnepfenjagd Mitleid. Nicht mit den Schnepfen, aber mit seiner kleinen Reserl. In dem Moment, als die Schnepfen aufgescheucht wurden und jedermann auf die große Knallerei wartete, ließ der Kaiser sein Gewehr sinken. Niemand traute sich mehr zu schießen, weil der Kaiser nicht schoß. Die vielen tausend Schnepfen flogen hoch auf und davon.

Reserl klatschte in die Hände und freute sich und gab ihrem Vater einen dankbaren Kuß. Es war die schönste Jagd ihres Lebens. Auch wenn Franzl enttäuscht neben ihr stand und sich ärgerte, weil seine Schußliste heute leer blieb.

Als Reserl elf und Nannerl zehn Jahre alt waren, bekamen sie eine neue »Aja«. So nannte man die oberste kaiserliche Kinderfrau. Sie hieß Gräfin Fuchs. Die beiden Kinder nannten sie aber bald »Mami Fuchs«. Vor allem Reserl liebte Mami Fuchs so innig, daß ihre wirkliche Mutter, die Kaiserin, oft eifersüchtig war.

Mami Fuchs war musikalisch und konnte so gut singen, daß sie einmal mit den beiden Kaisertöchtern gemeinsam in einer kleinen Oper auftrat. Die drei waren so ehrgeizig, daß sie wochenlang täglich mindestens vier Stunden übten. Sie sangen natürlich in italienischer Sprache, das war damals die »Kultursprache« am Wiener Hof. Der Hofdichter war selbstverständlich ein Italiener: er hieß Metastasio.

Die beiden Kaisertöchter und ihre »Aja« hatten als Sängerinnen großen Erfolg und fielen sich am Ende der Oper vor Glück und Stolz vor allen Zuschauern in die Arme.

Franzl konnte nicht so gut singen und tanzen wie Reserl. Er schaute lieber zu und war stolz, wenn die kleine Prinzessin Beifall bekam. Franzl konnte aber dafür etwas anderes: er kannte sich mit den Kerzen und Wachslichtern gut aus und rettete manches Fest. Eigentlich dauerte ja ein Fest nur so lange, bis die Tausenden von Wachskerzen an den großen Lustern heruntergebrannt waren. Es wurde immer dunkler und dunkler, ein Licht ging nach dem anderen aus. Und so blieb gar nichts anderes übrig, als schlafen zu gehen.

Reserl war immer enttäuscht, weil ihr jeder Ball zu kurz dauerte. Und Franzl half. Er verabredete mit den Lakaien einen Lichtdienst. Sie sollten heimlich immer wieder neue Lichter aufstecken, damit der Ball länger dauern und Reserl länger tanzen konnte.

Das Lichteraufstecken war eine große Arbeit. Wenn die Lakaien es nicht allein schafften, weil oft Hunderte von Kerzen gleichzeitig ausgingen, so half Franzl höchstpersönlich mit. Für Reserl war ihm keine Mühe zu groß. Freilich: strahlend hell konnte es gegen Abend, wenn die erste Partie Lichter ausgebrannt war und nur Franzls Ersatzlichter brannten, ohnehin nicht werden – trotz der vielen Spiegel, die an den Wänden

den Lichtschein verdoppelten. Aber dafür war es bei diesem Dämmerlicht um so gemütlicher. Auch wenn manche Kerzen schwarzen Rauch machten und andere auf die wunderschönen Seidenkleider der Damen und die goldgestickten Fräcke der Herren herabtropften.

Reserl und Nannerl wurden allmählich große Mädchen. Aber der ersehnte kaiserliche Bub war immer noch nicht geboren. Kaiser und Kaiserin machten Wallfahrten zur heiligen Maria nach Mariazell und befolgten alle Ratschläge kluger Frauen, berühmter Doktoren und der kaiserlichen Beichtväter. Aber nichts half.

Kaiser Karl machte sich große Sorgen um die Zukunft und arbeitete energischer denn je für die Pragmatische Sanktion.

Dieses Gesetz der Erbfolge hatte aber auch noch eine andere Wirkung: die Erbtochter Maria Theresia war nun für alle Welt eine höchst wichtige Person. Sie brachte ihrem zukünftigen Ehemann riesige Länder und wahrscheinlich die Kaiserkrone mit in die Ehe. Kein Wunder, daß in Wien die vornehmsten Prinzen der Welt anfragen ließen, ob sie nicht die Erbtochter heiraten könnten. Der wichtigste Bewerber um Reserls Hand war Don Carlos, der Sohn des Königs von Spanien. Selbst Kaiser Karl zögerte. Vielleicht war eine spanische Heirat gar nicht so schlecht?

Er selbst war für kurze Zeit König von Spanien gewesen, denn nach dem Tod des letzten spanischen Habsburgers, Carlos II., erhoben sein Vater, Kaiser Leopold, und der französische Sonnenkönig, Ludwig XIV., Anspruch auf den spanischen Thron. Beide waren nämlich mit dem spanischen König verwandt. Nach einem langen Krieg, dem sogenannten Spanischen Erbfolgekrieg, konnten sich die österreichischen Truppen unter dem Oberbefehl von Prinz Eugen durchsetzen, und Karl zog als Carlos III. zuerst in Barcelona, dann auch in Madrid ein. Doch dann starb sein Bruder Joseph, der inzwischen deutscher Kaiser geworden war, und so mußte er wieder zurück nach Österreich, um dort die Regierung zu übernehmen. *S. 121

Jetzt hoffte Karl, daß die Ehe seiner Tochter mit einem spanischen König Spanien womöglich wieder mit Österreich verbinden könnte, wie es in alten Zeiten gewesen war. Er überlegte hin und her.

Reserl und Franzl saßen bei Mami Fuchs und machten Pläne, wie man den Kaiser am besten umstimmen könnte.

Ausgerechnet in dieser schwierigen Zeit starb Franzls Vater in Lothringen. Franz mußte Wien verlassen und nach Lothringen reisen, dessen Landesherr er nun war.

Reserl war damals zwölf Jahre alt, Franzl schon 21 Jahre. Würden sie sich wiedersehen? Würde Reserl den Spanier heiraten müssen? Oder vielleicht einen der Söhne der josephinischen Töchter, den Erbprinzen von Bayern oder den Erbprinzen von Sachsen? Oder gar den Kronprinzen Friedrich von Preußen? Würde Reserl ihn weiter liebhaben, auch wenn er einige Jahre in Lothringen bleiben mußte? Würde sie ihn vergessen, wenn er ihr nicht täglich wie gewohnt seine lustigen Geschichten erzählte?

Der Kaiser erlaubte nicht, daß sich Reserl und Franzl schrieben. Außerdem, selbst wenn er es erlaubt hätte: Franzl konnte wunderbar plaudern und Spaß machen, aber schreiben konnte er nicht gut. Er machte schreckliche Rechtschreibfehler und schrieb ein solches Durcheinander von Französisch, Deutsch und Italienisch, daß selbst Reserl seine Briefe kaum entziffern konnte. Manchmal sogar verbesserte sie, die um fast neun Jahre jüngere, seine vielen Fehler, um ihn endlich zum Lernen zu bringen.

Wenn sich Reserl nur nicht in jemanden anderen verliebte in seiner Abwesenheit! Tränenüberströmt und melancholisch, was man von ihm gar nicht gewöhnt war, verließ Franzl Wien. Über drei Jahre blieb er fort.

Reserl weinte sich bei Mami Fuchs fast die Augen aus. Eines wußte sie aber jetzt ganz sicher: sie würde nie jemanden anderen heiraten als ihren Franzl. Keinen Spanier, keinen Bayern, keinen Sachsen und keinen Preußen. Eher würde sie in ein Kloster gehen! Und jeder, der sie kannte, kannte ihren Eigensinn.

Immerhin schaffte sie es, Briefe von und an Franzl am Kaiser vorbeizuschmuggeln. Dabei halfen ihr der lothringische Gesandte, ein Minister, die Mutter und selbstverständlich und vor allen anderen Mami Fuchs.

So berichtete der lothringische Gesandte seinem Herzog Franz nach Lothringen über Reserls 13. Geburtstag: Die Erbtochter habe an diesem Tag wieder kaum etwas essen wollen. Die Gräfin Fuchs habe sie dreimal gebeten, ein Ei zu essen, aber Reserl wollte nicht. Endlich habe ein Minister gesagt, sie solle das Ei nehmen und auf die Gesundheit des Herzogs von Lothringen aufessen. »Was Ihre Hoheit mit der größten Anmut der Welt auf der Stelle tat«, berichtete der Gesandte und schrieb am Schluß des Briefes an Franz: »Ich glaubte diese kleinen Umstände Eurer Königlichen Hoheit nicht verbergen zu dürfen, um Sie zu vergewissern, daß Sie hier nicht vergessen sind.«

Trotzdem gab es Schwierigkeiten: der alte Prinz Eugen, hochverehrt von Kaiser Karl bis zum jüngsten Lakaien und Schusterbuben, dieser Prinz Eugen war mit der lothringischen Heirat nicht einverstanden. Gut und schön, brummte Prinz Eugen, die beiden jungen Leute mochten sich, und der Kaiser mochte den Franzl. Aber seit wann war es wichtig, daß Prinzen und Prinzessinnen einander mögen, wenn sie heiraten? Die Heirat der habsburgischen Erbtochter wäre schließlich eine politische Angelegenheit, sagte Prinz Eugen. Und wenn man das Wohl und die Ruhe der anvertrauten Länder bedenkt, so wäre eine Ehe mit einem deutschen Fürsten viel besser. Am besten wäre es, wenn Reserl den Sohn einer »josephinischen« Tochter heiraten würde, den späteren Kurfürsten von Bayern oder doch den späteren Kurfürsten von Sachsen. So bliebe die römisch-deutsche Kaiserkrone in deutscher Hand, und der Streit mit den josephinischen Töchtern wäre endlich auch zu Ende.

Reserl weinte bitterlich, als sie von diesen Plänen hörte. Der Vetter aus Sachsen war fünf Jahre und der Vetter aus Bayern sogar zehn Jahre jünger als sie! Reserl konnte sie nicht leiden, auch wenn sie sie noch nie gesehen hatte. Sie weinte und schimpfte, und Mami Fuchs konnte sie gar nicht beruhigen und wußte nicht mehr ein noch aus. Dieser Eigensinn! Dieses arme Kind! Helfen mußte man ihr, unbedingt!

Und Mami Fuchs strengte sich an. Sie redete mit der Kaiserin viele Stunden lang und bat sie dringend, sich für Reserl und Franzl einzusetzen. Sie kämpfte wie eine Löwenmutter für ihr armes angegriffenes Löwenkind.

Reserl wollte den Franzl, und Franzl wollte die Reserl, und sie, Mami Fuchs, würde ihnen helfen, was auch immer passieren würde. Der Kampf war hart und anstrengend.

Immer mehr Leute am Hof wunderten sich über den festen Willen der kaiserlichen Erbtochter. Selbst der englische Gesandte schrieb über die inzwischen fünfzehnjährige Maria Theresia: »Trotz ihrer starken Seele hegt sie eine zärtliche Liebe zum Herzog von Lothringen. Des Nachts sieht sie ihn im Traum, und am Tag unterhält sie ihre Hofdame nur von ihm. So ist es nicht wahrscheinlich, daß sie den Mann jemals vergessen wird, den sie für sich geboren glaubt. Und nie wird sie denjenigen verzeihen, welche sie in Gefahr bringen, ihn zu verlieren.«

Franz regierte inzwischen sein Land und machte Reisen. Er besuchte auch Berlin und lernte dort den damals zwanzigjährigen Kronprinzen Friedrich kennen. Dieser war damals noch ein sehr eingeschüchterter junger Mann, denn sein Vater, der König, hielt ihn sehr streng. Vor allem gab er ihm viel zuwenig Geld. Und deshalb unterstützte ihn Kaiser Karl heimlich mit jährlich 2 500 Dukaten, nach Friedrichs Heirat sogar mit 6 000 Dukaten. Friedrich jedenfalls würde ganz bestimmt Österreichs Freund sein und auch Franzls und Reserls Freund, wenn er einmal König von Preußen sein würde.

Und Kaiser Karl sammelte unermüdlich Zustimmungen zur Pragmatischen Sanktion. So versprach ihm auch der König von England, dieses Gesetz zu achten, aber nur unter einer Bedingung: die Thronerbin dürfe keinen mächtigen Fürsten heiraten, also zum Beispiel nicht den Sohn des spanischen Königs. Dieser war ihm zu mächtig.

Kaiser Karl VI. versprach also dem König von England, seiner Tochter nur einen armen Fürsten auszusuchen. Über dieses kaiserliche Versprechen freute sich Reserl sehr. Es war ihr völlig gleichgültig, ob die österreichischen mit den spanischen Ländern zusammen vielleicht das größte Reich der Welt geworden wären. Sie wollte nur eines: ihren Franzl. Und Franzl war alles andere als ein mächtiger Fürst. Gott sei Dank!

Als Franzl zu Weihnachten 1732 nach Wien zurückkehrte, wußte jedermann am Wiener Hof, daß die Erbtochter unbedingt den Herzog von Lothringen zum Mann wollte und niemanden sonst.

Reserl war jetzt schon fast 16 Jahre alt, ihr Franzl 24 Jahre. Sie hätten also heiraten können, wenn nicht wieder die Politik dazwischengekommen wäre.

Franzl war ja Herzog von Lothringen, und Lothringen war ein kleines Land neben Frankreich. Kleine Länder hatten es immer schwer, besonders wenn sie mächtige Nachbarn hatten. Der Nachbar Frankreich wollte jedenfalls das kleine Lothringen für sich haben. Frankreich war stark und mächtig, und Lothringen war schwach. Kaum war Franz in Wien eingetroffen, da marschierten französische Truppen in Lothringen ein. Franz war nun ein Herzog ohne Land. Und mehr noch: der König von Frankreich wollte, daß Franz feierlich auf Lothringen verzichtete. Sonst würde er, König Ludwig XV., nie die »lothringische Heirat« der österreichischen Erbtochter und die Pragmatische Sanktion hinnehmen.

Als Ersatz für Lothringen bot er Franz das Großherzogtum Toskana an. Irgend etwas müsse Franz schon besitzen, meinte Ludwig XV. Aber nicht Lothringen. Denn das brauche Frankreich. Da aber die Toskana eigentlich für den spanischen Prinzen Don Carlos vorgesehen war, mußte dieser als Entschädigung ein anderes Land bekommen. Karl VI. schenkte ihm das Königreich Neapel-Sizilien.

Die Menschen, die in diesen hergeschenkten Ländern lebten, wurden nicht gefragt, welchen König sie lieber wollten. Sie mußten arbeiten und Steuern zahlen und in den Krieg ziehen für den Herrn, der gerade an der Macht war. Die Leute waren erbittert. Die Kriege kosteten viel Geld, verwüsteten die Länder, zerstörten die Ernten, brachten Hungersnöte und Krankheiten.

Die hohen Herren interessierten sich nicht dafür. Sie feilschten weiter um die Länder und Reiche und dachten nach, wie sie noch mehr Geld für ihre prunkvollen Höfe und ihre Kriege herausholen könnten. Die Könige waren absolute Herrscher. Niemand hatte die Macht, ihnen zu widersprechen. Die Untertanen schon gar nicht.

Aber auch Franz war gegen den mächtigen König von Frankreich hilflos. Was sollte er nun tun? Krieg führen? Aussichtslos. Auf sein Stammland verzichten, das er von seinen Vorfahren geerbt hatte? Oder auf Reserl verzichten und die Aussicht, durch sie einmal Kaiser zu werden? Ein schweres Opfer wurde da von ihm verlangt.

Aber die Politiker konnten keine weiteren Komplikationen brauchen, schon gar keinen Krieg mit Frankreich. »Kein Land, keine Erzherzogin«, sagten die Minister. Franzl mußte sich fügen.

Er zögerte lange, den Verzicht zu unterschreiben.

Zweimal warf er aus Protest zornig seine Schreibfeder weg. Dann endlich unterschrieb er den Vertrag, mit dem er seine Heimat aufgab und die Hand der habsburgischen Erbtochter, seiner Reserl, gewann.

Endlich kam der langersehnte Tag: Franzl durfte beim Kaiser und der Kaiserin um die Hand ihrer ältesten Tochter Maria Theresia anhalten. Franz Stephan hatte sich eigens für diesen Tag ein prachtvolles Kleid schneidern lassen. Es hatte 300 000 Gulden gekostet (zum Vergleich: ein Paar gute Männerschuhe kosteten einen Gulden, und ein Koch der Hofküche verdiente 40 Gulden pro Jahr).

Das Kleid war nicht nur aus dem teuersten Stoff, den es damals gab, sondern es hatte besonders teure Knöpfe, und zwar nicht weniger als 50 Stück. Diese Knöpfe bestanden aus reinen Diamanten.

In der Hand trug Franzl sein eigenes Porträt in Miniatur. Dieses Bild war mit einem großen Brillanten überdeckt, der so fein geschliffen war wie Glas.

Daß er bei seiner Verlobung sein eigenes Porträt trug, um es seiner Braut feierlich zu überreichen, war ein alter Brauch. Und bei solchen Dingen war der Obersthofmeister unerbittlich.

Der Obersthofmeister hatte auch genau vorgeschrieben, wie die Werbung und Verlobung des hohen Paares vor sich gehen sollte: Zuerst mußte Franz beim Kaiser vorsprechen. Kaiser Karl empfing ihn »mit besonderer Zärtlichkeit«, wie es in alten Schriften heißt. Die beiden sprachen ganz allein hinter verschlossenen Türen.

Dann ging Franz zur Kaiserin ins Audienzzimmer. Da standen schon alle Hofdamen in einer Reihe und verneigten sich vor ihm. Er grüßte freundlich-gemessen zurück. Dann ging er weiter in das Spiegelzimmer. Dort standen die Obersthofmeisterin der Kaiserin und die Aja der »durchlauchtigsten jungen Herrschaft« (also Mami Fuchs) zum Empfang bereit.

Die Kaiserin stand am Tisch und schaute mit ihrer ältesten Tochter Reserl irgendwelche Bilder an. Sie tat ganz überrascht über seinen Besuch, als wüßte sie nicht, worum es ging. Auch Reserl mußte sich ahnungslos stellen, so wollte es der Obersthofmeister.

Franz neigte vor der Kaiserin einmal das Knie, erhob sich wieder, neigte dann wieder das Knie, erhob sich wieder. Als er aber, wie es Brauch war, die dritte Kniebeuge machen wollte, hielt ihn die Kaiserin freundschaftlich am Arm fest und schaute ihn erwartungsvoll an.

Der Prinz brachte nun seine Werbung vor – in gemessenen, vom Obersthofmeister vorgeschriebenen Worten. Dann wandte sich Franz an die errötende durchlauchtigste Erzherzogin, sprach auch sie in gemessenen Worten an und wollte ihr sein Porträt überreichen. Das sollte das Verlöbnis sein.

Maria Theresia durfte das Porträt aber nicht einfach annehmen, sondern mußte, wie es der Obersthofmeister ihr vorher wieder eingeschärft hatte, zuerst zögern und fragend zur Mutter aufblicken. Erst als die Mutter freundlich mit dem Kopf nickte, nahm Reserl das Bild an. Dann durfte sie ihrem Bräutigam die Hand geben. Und er durfte diese Hand küssen. Zum äußeren Zeichen der Verlobung steckte die Mutter der jungen Braut das Porträt ihres Bräutigams vorne ans Kleid. *S. 122

Alle drei, das Brautpaar und die Mutter, atmeten auf, als die Zeremonie beendet war. Reserl nahm sich nicht einmal die Zeit, um das Bild ihres Bräutigams mit dem Original zu vergleichen. Sie fiel ihrem Franzl einfach um den Hals und küßte ihn. Die Mutter stand dabei und freute sich. Alle drei sagten dem Obersthofmeister nie, daß das Verlobungszeremoniell nicht ganz vorschriftsmäßig abgeschlossen wurde.

Auch Reserls jüngere Schwester Nannerl freute sich über die Verlobung. Denn sie hatte Franzls jüngeren Bruder Karl sehr gerne und hoffte nun, daß es bald eine zweite Verlobung zwischen Habsburg und Lothringen geben würde. Leider mußte sie damit noch einige *S. 123 Jahre warten.

Am Abend traf sich die kaiserliche Familie bei einem festlichen Diner mit Tafelmusik. Dabei strahlten Franzls Augen mit den 50 Brillantknöpfen um die Wette.

Und noch jemand strahlte mehr als alle Brillantknöpfe: Mami Fuchs. Sie war die Schirmherrin dieser Liebe zwischen Reserl und Franzl. Bei der prunkvollen Hochzeit zwölf Tage später trug sie Reserls Brautschleppe.

Mami Fuchs blieb auch in den nächsten Jahren eine treue Helferin. Sie wurde auch immer wieder nötig gebraucht. Denn nur im Märchen leben Prinz und Prinzessin nach ihrer Hochzeit in Glück und Liebe, »bis sie gestorben sind«. Die wirklichen Menschen gestern und heute haben es auch nach der Hochzeit noch schwer, auch wenn sie sich so lieben wie Reserl und Franzl. Sie waren beide heftig, besonders Reserl. Sie hatten auch manchmal Streit, vor allem, weil Reserl so eifersüchtig war. Aber Mami Fuchs versöhnte die beiden jedesmal. Zu ihr ging Reserl genauso wie Franzl, wenn es einmal Streit gab. Und wenn sie noch getrennt und schmollend zur Füchsin hineingegangen waren, so kamen sie immer wieder lachend und Arm in Arm aus der Wohnung von Mami Fuchs heraus.

*S. 123 Mami Fuchs war jetzt natürlich keine »Aja« mehr,

sondern Obersthofmeisterin der jungen Herrschaft. Sie begleitete das junge Paar auch zu den neuen Untertanen in das Großherzogtum Toskana mit der herrlichen Hauptstadt Florenz. Dort wohnten sie aber nur drei Monate. Dann mußten sie nach Wien zurück. Denn es gab wieder einen Türkenkrieg. Und Franz wollte berühmt werden. Ausgerechnet als Feldherr gegen die Türken, die noch Ungarn besetzt hielten! Reserl sorgte sich sehr, konnte ihn aber nicht zurückhalten. Schließlich war er der Enkel des berühmten Türkenbesiegers Karl von Lothringen. Und er würde es den Türken schon zeigen!

Aber die Türken zeigten es dem Franzl. Er kam nicht als Held zurück, sondern als geschlagener Feldherr. Karl VI. hatte wieder einmal einen Krieg verloren und mußte Belgrad hergeben, das einst der Prinz Eugen für Österreich erobert hatte. Franzl schlich sich still nach Wien zurück. Niemand jubelte.

Und nun warteten wieder alle auf einen Buben. Kaiser Karl wollte, wenn er schon keinen eigenen Buben bekam, wenigstens einen Enkelbuben aufwachsen sehen und ihm die Krone des Reiches übergeben. Dann wäre es nicht so schlimm, daß Maria Theresia nur eine Frau war.

Alle warteten also auf die Geburt eines Buben.

Aber Maria Theresia brachte Mädchen auf die Welt: in den ersten vier Jahren ihrer Ehe drei kleine Erzherzoginnen. Und wieder freute sich niemand über die Geburt dieser kleinen Prinzessinnen. Ganz im Gegenteil – statt stolz und froh zu sein, waren alle tief enttäuscht: der Kaiser, der Obersthofmeister, der

Zwerg Hänsel (das heißt natürlich »Baron Klein«) und selbst der jüngste Laternenanzünder in der Hofburg.

Im Herbst 1740 wurde plötzlich Kaiser Karl sehr krank. Die Ärzte sagten, er habe auf der Jagd vergiftete Pilze gegessen. Andere behaupteten, er habe sich auf der Jagd überanstrengt und verkühlt. Eines war aber sicher: der Kaiser hatte sich bei der Jagd und nicht bei der Regierungsarbeit den Tod geholt.

Reserl war fürchterlich erschrocken. Der Vater war doch erst 55 Jahre alt. Es war kein Bub da, nur eine kaiserliche Erbtochter, die ihr viertes Kind erwartete. Was sollte werden?

Der Kaiser wußte, daß er sterben mußte, und nahm von Reserl Abschied. Sie konnte vor Schluchzen kaum hören, was er ihr sagte. Tagelang war sie vor Aufregung und Hilflosigkeit krank.

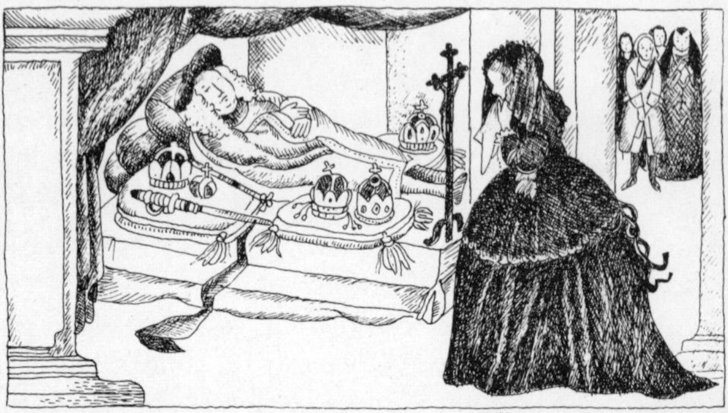

Politische Ratschläge gab der Kaiser aber nur seinem Schwiegersohn Franz. Denn Reserl war zwar die Erbtochter, aber regieren müßte ja wohl Franz für sie.

Denn er war ja der Mann. Und nur ein Mann kann regieren. So dachte Kaiser Karl. Und mit ihm alle seine Untertanen.

Auch Maria Theresia selbst fühlte sich sehr schwach, als sie am Tag nach des Vaters Tod ihre erste Konferenz mit den Ministern abhalten mußte. Da stand sie, 23 Jahre alt, weinend und in Trauerkleidern, vor ihren sechs Ministern und sollte regieren, was sie nie gelernt hatte. Die Minister waren alte, müde Männer, zusammen mehr als 400 Jahre alt.

Sie hatte Angst, fühlte sich verlassen und hilflos. Ein Trost war nur, daß die Nachbarn wenigstens versprochen hatten, sie als Erbtochter anzuerkennen.

»Es gibt kein Haus Habsburg mehr!« sagten aber auf einmal der König von Frankreich, dann der Kurfürst von Bayern, der Kurfürst von Sachsen, viele andere Fürsten und selbstverständlich der König von Spanien und Don Carlos, der König von Neapel-Sizilien. »Es gibt kein Haus Habsburg mehr!« sagten sie alle und waren gar nicht betrübt über den Tod Karls VI. Denn sie wollten reiche Beute machen.

Es gab keinen männlichen Habsburger mehr, und also gab es überhaupt keinen Habsburger. Sie dachten nicht an die dreiundzwanzigjährige Thronerbin Maria Theresia. Sie war nur eine Frau. Sie würde sich nicht wehren. Alle feierlichen Versprechungen, die Pragmatische Sanktion zu achten und damit die habsburgische Erbtochter anzuerkennen, waren vergessen. Das war ja nicht ernst gemeint gewesen. »Es gibt kein Haus Habsburg mehr!«

Die Erbtochter? Ach, die konnte ja zu ihrem großherzoglichen Ehemann in die Toskana gehen.

Als erster protestierte der Kurfürst von Bayern gegen Maria Theresias Regierung. »Der Thron gehört mir«, ließ er in Wien ausrichten. »Ich habe die habsburgischen Länder geerbt, denn meine Frau ist die Tochter des Habsburger Kaisers Joseph I.« Sie hatte zwar bei ihrer Heirat auf ihre Thronansprüche verzichtet. Aber der Kurfürst tat so, als wüßte er das nicht.

Auch die Sachsen meldeten sich. Denn die ältere josephinische Tochter, die mit dem Kurfürsten von Sachsen verheiratet war, stellte plötzlich Ansprüche. Dann meldete sich der König von Spanien: auch er wollte das Kaiserreich erben. Diesen Feinden schloß sich der König von Frankreich an. Er erklärte zwar entschuldigend, er wollte Maria Theresia, die er mit »Königin von Ungarn« ansprach, nicht völlig vernichten, sondern ihr »nur einige Federn ausrupfen«. Dafür sollte Maria Theresia ihm wohl auch noch dankbar sein.

Lauter Feinde ringsum. Was war es doch für ein Trost, daß sich auch ein Freund zeigte! Der junge König Friedrich II. von Preußen, kurz vorher auf den preußischen Thron gelangt und fünf Jahre älter als Maria Theresia, schrieb nach Kaiser Karls Tod tröstliche, freundschaftliche Worte an Franzl.

»Sie kennen meine Wertschätzung und Freundschaft, die ich immer für Sie empfunden habe«, schrieb er, »und mit diesen Gefühlen bitte ich Eure Königliche

Hoheit, mich als Ihren guten und sehr zärtlichen Vetter zu betrachten. Friedrich.«

Maria Theresia freute sich über diesen Brief. Es gab doch noch echte Freunde unter den Nachbarn! Sie schrieb an Friedrich, er möchte doch so gut sein und Franz bei der Wahl zum deutschen Kaiser helfen. Denn die Würde des römisch-deutschen Kaisers war nicht erblich, sondern von den Kurfürsten des Reiches *S. 123 abhängig. Und einer dieser Kurfürsten war Friedrich, König von Preußen. Er würde sicher helfen.

Während Maria Theresia mit ihren alten Ministern Rat hielt, was zu tun sei, verteilten schon die Nachbarn unter sich das österreichische Erbe. Denn jeder konnte ja nicht alles allein haben, das war ihnen schon klar. Also die Kaiserkrone an Bayern und außerdem das Königreich Böhmen. Spanien wollte die italienischen Länder Parma, Toskana, Sardinien und die Lombardei. Frankreich wollte die Niederlande und Luxemburg. Preußen würde Schlesien bekommen.

Es gab auch noch einige andere Pläne. So recht einig waren sich die Könige und Fürsten nur darin, daß die österreichischen Erblande aufgeteilt werden mußten.

Und die Untertanen wußten auch nicht so genau, was sie eigentlich wollten. Sehr beliebt war Kaiser Karl VI. ja nicht gewesen. Er hatte sich um die Menschen in seinem Reich wenig gekümmert und kaum gewußt, daß viele hungerten. Der Kurfürst von Bayern war als großzügig bekannt. So war eines Tages in Wien auf einer Mauer folgendes Gedicht zu lesen:

Vivat! Der Kaiser ist tot.
Wir bekommen jetzt großes Brot.
Der Lothringer ist uns zu schlecht.
Der Bayer ist uns eben recht.

An die kaiserliche Erbtochter dachte kaum jemand, weder die Fürsten noch die Untertanen.

Während die Könige und Fürsten lange hin und her überlegten, wie die österreichische Erbschaft unter die Nachbarn aufzuteilen war, geschah etwas, womit niemand gerechnet hatte: der Freund Österreichs, der Freund Franzls, der gerade noch so aufrichtig klingende Trostworte nach Wien geschickt hatte, der junge König Friedrich von Preußen, überfiel mit seiner Armee die österreichische Provinz Schlesien und eroberte sie ohne Widerstand. Niemand hatte mit diesem Überfall gerechnet.

*S. 124 Schlesien war damals eine der reichsten Provinzen des Reiches und berühmt für die Herstellung von allerfeinstem Leinen. Die Schlesier konnten viel mehr Steuern bezahlen als die meisten anderen Untertanen, denn sie verdienten mehr Geld als die anderen.

Der Schreck und vor allem die Empörung über den schändlichen Überfall waren groß. Warum war ausgerechnet Friedrich wortbrüchig geworden? Hatte er nicht die Pragmatische Sanktion feierlich anerkannt? War er nicht ein Gelehrter und hatte er nicht selbst in seinen Schriften die Gerechtigkeit gepriesen und räuberische Staaten verurteilt? War er nicht ein Philosoph und feinsinniger Musiker? Niemand spielte die Flöte so gut wie er. Und er komponierte sogar Flötenkonzerte, die er selbst aufführte. Und dieser Mann war nun ein Krieger und Eroberer? Das paßte doch gar nicht zusammen!

Aber Friedrich war ehrgeizig. Er hatte von seinem Vater volle Kassen und eine moderne, gut ausgerüstete Armee geerbt. Er wollte sein Preußen zu einer Großmacht machen und für sich selbst Ruhm als Feldherr einheimsen. Seine schöne Philosophie von Gerechtigkeit in der Politik blieb Philosophie und hatte mit seinem Alltag als König nichts zu tun.

Nach seinem Überfall auf Schlesien schrieb er einen freundlichen Brief nach Wien. Er würde gerne Franzens Wahl zum Kaiser unterstützen, schrieb er, als sei nichts passiert, wenn Maria Theresia feierlich auf Schlesien verzichte, was er ja ohnehin schon in Besitz genommen hatte. Außerdem würde er dann auch die Pragmatische Sanktion anerkennen.

»Dieses Ungeheuer, dieses Monstrum«, schimpfte Maria Theresia über Friedrich. Sie dachte nicht daran, sich alles gefallen zu lassen, nur weil sie eine Frau war. Sie würde kämpfen! Um ihr Erbe und um Schlesien kämpfen! Sonst würden alle anderen Nachbarn genauso kommen und ihr aus der Erbschaft wegnehmen, was sie gerade haben wollten.

Franzl versuchte, sie zu beruhigen. Womit sollte sie sich wehren! Es war kein Geld in den kaiserlichen Kassen. Die Soldaten waren schlecht ausgebildet und für einen Krieg nicht vorbereitet. Sie solle doch besser klein beigeben und Friedrich Schlesien lassen. Sie habe ja noch so viele andere Länder. Und Friedrich wäre ja dann auch ihr Freund. Das habe er in seinem Brief versprochen.

Auch unter den Ministern gab es nichts als Jammern und Wehklagen über das große Unglück, das den österreichischen Ländern widerfahren war. Sogar der Obersthofmeister vergaß sein Protokoll und schluchzte, was er noch nie getan hatte. Alle diese Herren waren sich über eines einig: Österreich und seine Herrscherin konnten sich nicht gegen die Übermacht der Feinde wehren. Also mußte Maria Theresia verzichten und aufgeben, was man ihr wegnahm.

Als die Räte ihr zu dieser Lösung rieten, wurde Maria Theresia zornig. Sie konnte es nicht leiden, wenn alle nur herumsaßen und herumstanden und weinten und klagten. Und alle Ungerechtigkeit hinnahmen, ohne sich zu wehren. Was sollte sie mit diesen Ministern anfangen? Zornig und so laut, daß der Obersthofmeister zusammenzuckte, rief sie ihren jammernden Ministern zu: »Was für Grillen, warum solche Gesichter! Reden ist notwendig, aber nicht die arme Königin noch mehr zu entmutigen, sondern ihr zu helfen und zu raten!«

Dann ließ sie den preußischen Gesandten rufen und sagte ihm energisch: »Kehren Sie zu Ihrem Herrn zurück und sagen Sie ihm: Solange nur ein einziger seiner Soldaten in Schlesien steht, hat man ihm nichts mehr zu sagen.«

Sie suchte keinen persönlichen Ruhm. Sie suchte Gerechtigkeit. Nie hatte sie sich zum Thron und zur Herrschaft gedrängt. »Mit Freuden wäre ich nichts als eine Großherzogin von Toskana geworden, wenn ich geglaubt hätte, daß Gott es so wolle«, sagte sie später immer wieder, fügte aber dann sehr selbstbewußt hinzu: »Weil Gott mich aber zu dieser großen Last der Regierung auserwählt, so muß ich alles tun, um sie zu bewahren.« Sie hielt es für ihre Pflicht, gute Arbeit zu leisten an dem Platz, auf den sie gestellt war: wenn es sein mußte, dann eben als Herrscherin.

Sie rief ihre alten Minister an die Arbeit. Sie sollten ihr genau sagen, wieviel Soldaten in den Krieg ziehen konnten, wieviel Geld in den kaiserlichen Kassen war – sie wußte schon, es war viel zuwenig. Aber dann sollten sie wenigstens Vorschläge machen, wie man Geld auftreiben konnte. Nur eines durften die Minister nicht mehr tun: jammern und klagen. Jetzt wurde gearbeitet.

Als die Minister sich vom ersten Schreck über ihre energische Herrscherin erholt hatten, schöpften sie Mut und nahmen sich an ihrer jungen Herrin ein Beispiel.

Maria Theresia feuerte ihre Generäle an, auch sie lauter alte Männer, die müde waren nach vielen Türkenkriegen. Es ging alles sehr langsam. Nach dem Überfall auf Schlesien verstrich ein Vierteljahr, bis die österreichischen Truppen endlich soweit waren, der preußischen Armee eine Schlacht zu liefern.

Inzwischen aber, mitten in den Aufregungen über die Kriegsvorbereitungen, am 13. März 1741, bekam die junge Herrscherin ihr viertes Kind.

Es war ein Bub. Endlich der Thronfolger. Sie nannte ihn Joseph nach dem heiligen Joseph, den sie um Hilfe in der Not angefleht hatte.

Nun gab es also einen Thronerben, einen »richtigen«, einen männlichen. Gab es aber noch einen Thron zu vererben?

Eine Woche nach Josephs Geburt kämpften die österreichischen Truppen zum erstenmal gegen Preußen zur Sicherung des kaiserlichen Erbes. Die Schlacht brachte dem Angreifer Friedrich den Sieg und den Österreichern eine schlimme Niederlage.

Auf diese Niederlage hatten die anderen Nachbarn nur gewartet. Die Bayern setzten ihre Truppen in Marsch gegen Oberösterreich. Bald besetzten sie Linz. Die Sachsen fielen in Böhmen ein, und die Franzosen halfen ihnen dabei. Im November 1741 besetzten sie die böhmische Hauptstadt Prag. Die Spanier kämpften gegen die österreichischen Länder in Italien. Auch das Königreich Neapel zog in den Krieg gegen die Erbtochter, ebenso wie Schweden, die Kurpfalz und Kurköln. Sie waren sicher, bald fette Beute zu machen.

Im Januar 1742 wählten die deutschen Kurfürsten den Kurfürsten von Bayern zum neuen römisch-deutschen Kaiser, zu Karl VII. Nun hatte es die jüngere der josephinischen Schwestern geschafft: sie war Kaiserin. Und bald auch Königin. Denn Karl ließ sich in Prag auch als König von Böhmen krönen.

Was war der habsburgischen Erbtochter mit ihrem Thronfolger nun übrig geblieben vom riesengroßen Reich der Habsburger? Eigentlich nichts außer der Hauptstadt Wien. Und Ungarn. Aber große Teile des Landes waren noch von den Türken besetzt. Die Ungarn waren selbstbewußt, und die Wiener sagten, sie könnten nicht treu sein und würden sicherlich bald von ihrer Königin abfallen. Von dort her könnte doch keine Hilfe kommen!

Aber vielleicht doch? Maria Theresia mußte es versuchen. Die Ungarn waren ihre letzte Hoffnung. Sie mußte sich so schnell wie möglich zur Königin von Ungarn krönen lassen, um ihre Rechte zu behaupten. Ungarn durfte nicht auch noch verlorengehen.

Diese Krönung war so etwas wie eine Weihe für Maria Theresia. Sie bereitete sich sorgfältig darauf vor. Bei all den Zeremonien in der alten Krönungsstadt Preßburg war sie sehr andächtig und gesammelt. Nun war sie mehr als die österreichische Erbtochter. Nun war sie die gekrönte Königin von Ungarn.

Als erste Frau trug Maria Theresia den altehrwürdigen Mantel des heiligen Stephan, in dem seit alters her die ungarischen Könige gekrönt wurden. Der Mantel war so alt, daß er schon viele Löcher hatte und vor der Krönung erst mühsam zusammengestopft werden mußte.

Im Gürtel trug sie das Schwert des Königs, und auf dem Kopf hatte sie die Stephanskrone mit dem schiefen Kreuz. So gekleidet, gab sie nach der Krönung jungen ungarischen Edelleuten den Ritterschlag. Das war ebenfalls ein alter Brauch, den der neugekrönte ungarische König ausführen mußte. Den stolzen Ungarn war es ungewohnt, vor einer Frau niederzuknien und von ihr den Ritterschlag zu erhalten. So etwas hatte es noch nie gegeben. Aber schließlich war Maria Theresia »König von Ungarn«, und sie ließen es sich gefallen.

Die aufregendste Zeremonie aber war Maria Theresias Ritt auf den Krönungshügel. Auf diesen (vorher mit Erde aus allen ungarischen Provinzen aufgeschütteten) Hügel mußte sie mit ihrem Krönungsschimmel hinaufreiten und oben auf der Höhe das alte Schwert in alle vier Himmelsrichtungen ausstrecken als königlichen Schwur, Ungarn nach allen Himmelsrichtungen hin zu schützen.

Dieser Ritt war eine schwierige Angelegenheit. Denn Maria Theresia hatte dabei nicht nur ihr kostbares Krönungskleid mit einem Reifrock an, sondern auch den alten Mantel, die alte Krone auf dem Kopf, das schwere alte Schwert in der Hand. Eigens für diesen Krönungsritt hatte sie in den Wochen vorher geübt – und das bei all den vielen anderen Sorgen und Aufgaben in dieser Zeit! Vor nichts hatte sie so viel Angst gehabt wie vor diesem Ritt.

Franz Stephan konnte ihr auch nicht helfen. Er stand nur als einer unter vielen tausend Zuschauern dabei. Denn »der König« war ja Maria Theresia und niemand sonst, und sie konnte nicht einfach sagen:

»Ich bin schwach, ich bin nur eine Frau.« Sie mußte das tun, was ein König von Ungarn nach der Krönung eben tun muß. Und konnte es dann auch.

Zum Abschluß der Feierlichkeiten wurde das »Krönungsmahl« gefeiert. Maria Theresia, mit der schweren Krone auf dem Kopf, saß auf einer Empore, und die Großen des Reiches kamen und tischten dem neuen König auf. Viel Volk war gekommen, das bei dieser feierlichen Handlung zuschaute. Es war sehr heiß im Saal und sehr laut. Maria Theresia war müde und mußte immer wieder freundlich lächeln, wenn ein Gericht nach dem anderen an ihr vorübergetragen wurde, sie irgendwelche feierliche Sprüche sagen mußte und darüber gar nicht zum Essen kam. Die schwere Krone drückte nicht nur, sie schmerzte und sie wackelte hin und her, bei jedem Wort, das die Königin sprach, bei jedem Kopfnicken. Und dabei war es so eine Plage gewesen, die weite Männerkrone mit festen Riemen auf Maria Theresias Frisur festzubinden! Und jetzt wakkelte sie!

Trotz der Feierlichkeit ringsum wurde es Maria Theresia bald zu bunt. Sie griff kurzentschlossen zu, riß die Krone aus der letzten Halterung heraus und stellte sie einfach vor sich auf den Tisch – neben die Silberteller mit Braten und Gemüse und neben die Kristallgläser mit Tokajerwein.

Jetzt konnte sie endlich ungestört essen und reden und sich von der Aufregung dieses großen Tages erholen.

Viele Festgäste schmunzelten. Der Obersthofmeister mußte sich an seinem Sessel festhalten, sonst wäre er vor Schreck und Empörung in Ohnmacht gesunken.

Jetzt war Maria Theresia eine gekrönte Königin, und sie hatte einen männlichen Thronfolger, den kleinen Joseph. Aber sie hatte kein Geld und nicht genug Soldaten, um sich gegen ihre Feinde zu wehren. Die Ungarn mußten helfen!

Die rebellischen Ungarn? Sie würden nie helfen, meinten die Wiener, die die Ungarn nicht leiden konnten.

Aber Maria Theresia war eigensinnig. Wer war denn die Königin, die gekrönte Königin von Ungarn?

Allein und ohne auf den Rat ihrer alten Minister zu hören, beschloß sie, die Ungarn zu Hilfe zu rufen. Dazu lud sie die vornehmsten und reichsten ungarischen Adeligen in das Preßburger Königsschloß ein. In Trauerkleidern, mit der Stephanskrone auf dem Haupt trat sie ihnen entgegen. Den kleinen Thronfolger Joseph hielt sie im Arm. »Von allen verlassen, suchen wir Schutz einzig in der Treue, bei den Waffen und der alten Tugend der Ungarn«, sagte sie und bat unter Tränen, für sie und das Kind das Erbe zu verteidigen.

Viele Legenden gibt es über diese Szene, so daß eigentlich niemand mehr weiß, wie es in Wirklichkeit war. Der kleine Joseph, damals kaum ein halbes Jahr alt, soll wie ein verängstigtes Eichhörnchen (was auf ungarisch mókuska heißt) ausgesehen haben. Und er soll, als er die Mutter weinen sah, auch geweint haben. Das aber soll die Ungarn wiederum zu Tränen gerührt haben, so daß schließlich alle geweint hätten vor Rührung und die Ungarn der Königin und dem Thronfolger laut zugerufen hätten: »Unser Leben und unser Blut für unseren König!«

Das bedeutete, daß sie Maria Theresia Geld und Soldaten versprachen.

Manche Leute erzählten später, Maria Theresia hätte das Kind absichtlich zum Weinen gebracht, um die Ungarn mitleidig zu stimmen. Man sagte sogar, sie hätte den kleinen Joseph heimlich in sein dickes Bein gezwickt, um ihn zum Schreien zu bewegen.

Jedenfalls hatte Maria Theresia bei den Ungarn ganz großen Erfolg. Sie gab ihnen dafür all jene Sonderrechte, die sie von ihr als Gegenleistung forderten, sogar eine Steuerbefreiung für die Fürsten und Grafen, die ihr Soldaten schickten.

Maria Theresia vergaß nie, was die Ungarn in diesen unglücklichsten Wochen ihres Lebens für sie getan hatten. Sie bewahrte ihnen zeitlebens ein besonderes Wohlwollen und erzog auch den kleinen Joseph in diesem Sinne. Er bekam einen ungarischen Erzieher, und auf den meisten Kinderbildern ist er in ungarischen Kleidern zu sehen.

Die meisten Soldaten, die nun aus Ungarn für Maria Theresia in den Krieg zogen, sahen sehr fremdartig aus. Sie hatten seit Jahrzehnten in Ungarn gegen die Türken gekämpft und waren wild und unzivilisiert. Besonders fremdartig waren die Panduren und Tolpatschen: auf halbwilden Pferden, mit bunten Kostümen und Pluderhosen, laut schreiend ihre Krummsäbel schwingend, verbreiteten sie Furcht und Schrekken.

Da sie keine Schuhe trugen, sondern nur breite, mit Schnüren befestigte Sohlen an den Füßen hatten, war ihr Gang unbeholfen. Darum nennt man noch heute einen unbeholfenen Menschen »Tolpatsch«. Aber als Krieger waren die Tolpatschen wild und furchterregend.

Mit Hilfe dieser ungarischen Truppen jagte Maria Theresias General Fürst Khevenhüller die Bayern aus Linz und Oberösterreich. Dann zogen sie weiter nach Bayern.

Der Glanz des bayrischen »Kaisers« und »Königs« war schon bald verblaßt. Die josephinische Tochter konnte sich nicht allzu sehr darüber freuen, daß sie nun Kaiserin und Königin war, denn die Hauptstadt Bayerns war in österreichischer Hand, und die Panduren und Tolpatschen hausten fürchterlich, brandschatzten und plünderten. Der Krieg, den der bayri-

sche Kurfürst begonnen hatte, wendete sich nun gegen sein eigenes Land. Da halfen ihm die schönen neuen Titel wenig.

Während ihre Truppen gegen viele Feinde gleichzeitig kämpfen mußten, versuchte Maria Theresia, Geld aufzutreiben. Da gab es nur eines: sparen, wo immer es ging, und alles verkaufen, was nicht unbedingt gebraucht wurde. Als erstes verkaufte Maria Theresia die meisten der kaiserlichen Jagdgründe. Das war kein Opfer für sie – höchstens für Franzl. Aber der traute sich nicht, in diesen schlechten Zeiten seiner Frau zuzureden, Geld für die Jagd auszugeben.

Außerdem traute sich Franzl überhaupt nicht mehr, seiner Reserl zu widersprechen. Denn sie war die Königin, da gab es keinen Zweifel mehr. Sie wollte das alles allein machen. Und sie konnte es ja auch. Franz, der Friedfertige, hielt sich zurück und beschäftigte sich mit anderen Dingen als der Politik.

Dann verkaufte Maria Theresia viele kaiserliche Prunkkutschen, Schlitten und Pferde.

Aber sie sparte nicht nur in großen Dingen. Sie war ja eine Frau und wußte sehr gut, wie teuer auch Kleinigkeiten sein können, besonders an einem riesengroßen Hof mit Tausenden von Menschen. Sie tat etwas, was der Obersthofmeister sehr unkaiserlich und unfein fand, denn nie hatte ein Kaiser in Wien Ähnliches getan: sie ließ sich sämtliche Ausgabelisten des Hofes vorlegen, die Abrechnungen der Hofköche, der Hofzuckerbäcker, die Abrechnungen für Brennholz, für die kaiserliche Wäschekammer und die Hofbibliothek, das Hofburgtheater und auch die vielen Besoldungslisten, in denen verzeichnet war, was die Hofdamen, die

Kindermädchen, die Holzträger, die Laternenanzünder, die Pferdeknechte, Kutscher und all die vielen Lakaien und Ofenheizer bezahlt bekamen und welche Sonderrationen für Essen, für Brennholz und Wäsche es gab. Sie sah jeden einzelnen Posten in jeder Abrechnung genau durch, viele Tausende einzelner Abrechnungen, und sie saß viele Stunden täglich über diesen Listen.

Hier erfuhr sie die erstaunlichsten Dinge, so zum Beispiel in der Liste der kaiserlichen Hofkellerei, die die kostbaren Weine der Hoftafel zu verwalten hatte: Da bekam doch jede der Hofdamen täglich je 6 Kannen Wein. Was macht eine Hofdame mit täglich je 6 Kannen Wein? Trinkt sie so viel Wein und hat täglich einen Schwips? O nein. Sie trinkt den Wein nicht, sondern sie verkauft ihn und verdient damit eine Menge zusätzliches Geld. Denn der kaiserliche Wein war der beste und teuerste von Wien.

Maria Theresias Rechnung lautete: 6 Kannen Wein für jede der Hofdamen macht soundsoviel Kannen Wein pro Tag, soundsoviel Kannen Wein pro Monat und soundsoviel Kannen Wein pro Jahr. Wieviel Kannen Wein in 10, 20 und 50 Jahren herauskamen, rechnete Maria Theresia erst gar nicht aus. Der Posten wurde einfach gestrichen; ab nun bekamen die Hofdamen nur den Wein, der bei den Mahlzeiten ausgeschenkt wurde, und keine einzige Kanne extra.

Ähnlich ging es den Kammerherren.

Maria Theresias Tante, die Frau des verstorbenen Kaisers Joseph, Kaiserin Amalia, hatte in ihrer Abrechnung einen täglichen Schlaftrunk von »12 Kannen ungarischen Weins«. Maria Theresia fragte sie darüber und erfuhr folgendes: die Kaiserinwitwe war einmal etwas unpäßlich gewesen. Der Leibarzt hatte ihr einen heißen Wein verordnet, damit sie besser schlafen konnte, aber nur für diesen einen Abend. Die Lakaien forderten von nun an aus der kaiserlichen Hofkellerei täglich 12 Kannen Schlaftrunk für die alte Kaiserin – und das viele Jahre lang, ohne daß es jemand gemerkt hätte und natürlich ohne daß Amalia etwas von dem Wein zu kosten bekam. Die Lakaien verkauften den Wein weiter.

Maria Theresia machte einen großen Krach mit dem Hofkellermeister, schimpfte über die »Lotterwirtschaft«, strich viele Posten Wein, und fortan brauchten die Hofkeller viel weniger Geld, und die Soldaten hatten mehr zu essen. Ganz ähnlich ging es bei den anderen Hofämtern zu.

Und noch etwas Wichtiges: Maria Theresia sparte nicht nur Geld, sondern sie schaffte mit ihrer Kontrolle auch viele Ungerechtigkeiten ab. Nun bekamen alle Leute am Hof genau festgelegte Portionen Geld, Wein, Holz, Wäsche, was auch immer. Der eine Kammerdiener bekam nicht hundertmal so viel wie der andere Kammerdiener.

Nur die Ammen waren eine Ausnahme. Sie bekamen immer mehr zu essen als alle anderen – soviel sie wollten, vor allem soviel dunkles Bier, wie sie wollten. Das mochten sie besonders gern. Alle kaiserlichen Ammen waren dick und rund und gesund. Und die kaiserlichen Babys auch.

Natürlich wurde auch in großen Dingen gespart: Wenn jemand Schmuck oder Goldborten einkaufen wollte, mußte er Luxussteuer dafür zahlen. Von dieser

Steuer wurden nur die Adeligen betroffen, da nach der kaiserlichen Kleiderordnung nur Adelige Goldborten und Schmuck tragen durften.

Weil aber bei diesen und anderen Steuern viel geschwindelt wurde, die einen zuviel und die anderen zuwenig und wieder andere überhaupt nichts zahlten, führte Maria Theresia die kaiserliche Hofrechenkammer ein. Diese mußte kontrollieren, ob auch alle Untertanen gerechte Steuern zahlten. Freilich: die ungarischen Adeligen brauchten nach wie vor überhaupt keine Steuern zu zahlen, denn sie hatten ja Sonderrechte.

Die Völker gewannen mehr und mehr Vertrauen in ihre Herrscherin, auch wenn sie »nur eine Frau« war. Sie merkten bald, daß Maria Theresia nicht nur auf dem Thron saß und sich bedienen und Steuern eintreiben ließ, sondern daß es in Wien eine Majestät gab, die sich um ihre Völker sorgte, hart arbeitete und sich bemühte, gerecht zu sein, auch gegenüber dem ärmsten Taglöhner.

Mit dem strengen Obersthofmeister gab es jeden Tag einen neuen Kampf auszufechten. Er meinte, daß er die junge Herrscherin erst einmal richtig erziehen müsse. Er wollte ihr alle Zeremonien des Hofes und das spanische Protokoll genau erklären, damit sie keinen Fehler darin mache. Für den Obersthofmeister war das Protokoll das wichtigste. Es wäre ja noch schöner, wenn sich Hofleute wie normale Menschen benehmen würden! Und eine Herrscherin über so viele Länder müsse besonders viel vom Protokoll verstehen, meinte er. Denn was ist eine kaiserliche und königliche Majestät ohne kaiserliches und königliches Hofzeremoniell? Fast schon ein Mensch wie jeder andere.

Die junge Maria Theresia fand aber das spanische Hofzeremoniell schrecklich altmodisch und hinderlich. Es engte nicht nur die Minister, Kammerzofen, Lakaien ein. Nein, auch die Majestät fühlte sich beengt. Oder sollte sie etwa den ganzen Tag feierlich dasitzen auf einem prächtigen Thronsessel unter einem samtenen Baldachin und in perlengesticktem Kleid hofhalten? Wer sollte denn dann die Arbeit tun? Die Minister? Die Sekretäre? Der Zwerg Hänsel? Die Kammerzofen? Nein. Das mußte geändert werden, ob der Obersthofmeister wollte oder nicht!

Eine Vorschrift nach der anderen wurde abgemildert, ein bißchen menschlicher gemacht, so wie es die junge Herrscherin wollte.

Da gab es zum Beispiel die Vorschrift, daß »allerhöchste Familienmitglieder« bei Tisch nur unter sich sein durften. Wer kein Habsburger war, durfte nicht am kaiserlichen Tisch sitzen. Kaiser Karl hatte viel Wert auf dieses Gesetz gelegt. Da saßen also immer dieselben Leute am Tisch: der Kaiser, die Kaiserin, die Reserl und die Nannerl und dann noch die Tante Amalia. Reserl und Nannerl hatten sich dabei immer gelangweilt. Ach, hätten doch ihre Freundinnen auch nur einmal, wenigstens ein einziges Mal, bei ihnen am Tisch sitzen dürfen!

Als sie Herrscherin wurde, fand Maria Theresia diese Tischsitte immer noch sehr hinderlich. Sie hatte ja viel weniger Zeit als ihr Vater. Sie arbeitete mehr, mußte Krieg um ihr Erbe führen und die Länder reformieren, und schließlich hatte sie ja auch viele Kinder. Sie mußte jede Stunde des Tages ausnützen, auch die Mittagsstunde.

So beschloß sie eines Tages, ohne den Obersthofmeister vorher zu fragen, einen Fürsten zu sich zu Tisch zu bitten. Er war besonders tüchtig und treu, und die Herrscherin wollte ihm deshalb ihren Dank ausdrücken. Es war außerdem auch Wichtiges mit ihm zu besprechen, wozu sonst bei dem dichten Stundenplan der Herrscherin keine Zeit blieb. Also saß der Fürst an der »allerhöchsten« Tafel mitten unter der kaiserlichen Familie.

Der Obersthofmeister war entsetzt und stöhnte laut: »Majestät! Das Protokoll!« Aber das half nichts. Die Majestät lachte nur. Und da ihr diese Lösung, mit wichtigen Leuten bei Tisch zu konferieren, sehr gefiel und in der Arbeit ein gutes Stück voranbrachte, lud Maria Theresia immer häufiger Nicht-Familienmitglieder zum Essen ein.

Selbstverständlich lud sie nur Gäste ein, die »Hofzutritt« hatten, also Fürsten und Grafen, und zwar längst nicht alle Fürsten und Grafen, sondern nur eine kleine Auslese von besonders Vornehmen.

Als der Obersthofmeister sah, daß mit Maria Theresia auch neue Sitten am Hof eingeführt wurden, versuchte er zu retten, was zu retten war. Er setzte durch, daß die »allerdurchlauchtigsten« Tischgäste, also die Habsburger, wie gewohnt auf Sesseln mit Lehnen saßen. Die anderen aber, die ja »nur« Fürsten und Prinzen waren, bekamen keine Lehnsessel zum Sitzen, auch keine Sessel ohne Lehne, sondern »Taburetts«, kleine Hocker oder »Stockerln«, wie die Wiener sagen. Das war die Rache des Obersthofmeisters für diese für ihn so ungeheure Verletzung des spanischen Protokolls.

Maria Theresia wollte den braven Obersthofmeister nicht allzusehr verärgern und sagte nichts gegen die Stockerln. Bei nächster Gelegenheit aber setzte sie sich doch durch. Da lud sie nämlich einen sehr alten, sehr würdigen und auch schon kranken Minister zu sich ein, der sich auf dem unbequemen Stockerl kaum aufrecht halten konnte. Was war da schon anderes zu tun, als den Lakaien zu rufen und um einen Lehnsessel für den alten, schwachen Minister zu bitten? So unmenschlich konnte der Obersthofmeister doch nicht sein und diesem alten Mann den bequemen Lehnsessel verwehren!

Und wenn schon einmal ein Nicht-Habsburger in einem Habsburger Lehnsessel gesessen hatte, so konnte man beim nächsten und beim übernächsten Mal nicht mehr so streng sein. Bald verschwanden die Stokkerln, und alle Tischgäste der Kaiserin saßen gemütlich in Lehnsesseln.

So fiel eine eitle Würde nach der anderen. Maria Theresias Majestät litt unter diesen vielen Neuerungen nicht. Sie wurde nur menschlicher, und das fand Maria Theresia ganz richtig.

Maria Theresia wußte sehr wohl, daß sie vor allem gute Ratgeber brauchte, um ihre Länder gut zu regieren. Und sie war auch bereit, von tüchtigen Leuten zu lernen. Ja, sie munterte sie sogar auf, ihr immer die Wahrheit zu sagen und nicht vor lauter Ehrfurcht vor der »allerhöchsten Majestät« kritische Worte zu vergessen.

Solche Wünsche waren die kaiserlichen Ratgeber von den früheren Majestäten ganz und gar nicht gewöhnt. Nie hätten sie sich getraut, der allerdurchlauchtigsten kaiserlichen Majestät Karl VI. zu sagen: »Eure Majestät gehen viel zu häufig auf die Jagd. Sie müssen mehr arbeiten!« Oder etwa: »Eure Majestät geben zuviel Geld aus! Die Kassen sind leer. Die Bauern können nicht mehr Steuern aufbringen. Majestät, wir müssen sparen!« Undenkbar. Welche kaiserliche Majestät hätte sich solche Sätze gefallen lassen!

Aber Maria Theresia war nicht so empfindlich mit ihrer majestätischen Würde. Sie war eine Frau. Und vor allem: sie wollte eine gute Herrscherin sein. Sie wußte, wie wenig sie für ihr hohes Amt gelernt hatte. Und sie wollte unbedingt dazulernen! Sie war nicht Majestät, um sich beweihräuchern zu lassen, sondern um für ihre Völker zu arbeiten. Und deshalb sagte sie zu ihren alten Ministern, zu jedem einzelnen: »Hör Er, Graf, sag Er mir stets, wie irgendeiner simplen Privatperson ungeniert, das, was ich schlecht mache.«

Freilich paßte ihr dann doch manchmal die Kritik nicht, vor allem wenn der Leibarzt van Swieten sie mahnte: »Eure Majestät essen zuviel! Eure Majestät werden zu dick. Und außerdem – immer muß ich Ihr Magendrücken auskurieren. Wir brauchten keine Medizin, wenn Eure Majestät weniger essen!«

Aber die Kaiserin aß schrecklich gern und viel und hörte nicht auf ihren Arzt. Da ließ er eines Tages, als er bei der Kaiserin zu Tisch geladen war, einen Wassereimer neben ihren Platz stellen. Erstaunt fragte Maria Theresia, was denn das bedeute.

»Gedulden Sie sich ein wenig, Majestät«, sagte van Swieten. »Sie werden es sehr bald verstehen.«

Nun wurden die Speisen aufgetischt – eine köstlicher als die andere – Vorspeisen, Suppen, Fisch und

Fleisch und Knödel und Nudeln und Salate und Käse und Süßspeisen und Weißwein und Rotwein und Sekt und Kaffee und wer weiß, was sonst noch alles.

Maria Theresia war bei gutem Appetit. Sie merkte zunächst gar nicht, wie van Swieten sie genau beobachtete. Und jedesmal, wenn sie eine neue Portion nahm, nahm er eine gleich große Portion und beförderte sie in den Wassereimer neben ihrem Platz. All diese wohlschmeckenden Speisen vermischten sich nun in dem Eimer und sahen gar nicht mehr wohlschmeckend aus.

Maria Theresia wurde zornig: »Aber hör Er, van Swieten, was soll denn das?« fuhr sie ihn an.

Der Arzt erhob sich, verneigte sich vor der kaiserlichen Majestät und sagte: »Ich bitte Eure Majestät bloß, in diesen Kübel zu sehen. So sieht es jetzt in Euer Majestät Magen aus.«

Maria Theresias Zorn verflog. Sie versprach ihm, ab nun weniger zu essen. Aber sie hielt ihr Versprechen nur kurze Zeit. Dann aß sie weiter und hatte wieder Magendrücken. Sie entschuldigte sich bei dem treuen van Swieten: »Ach, red Er nur immer fort! Wenn ich auch nicht gleich folge – zu gegebener Zeit kommt mir der Rat doch immer wieder in den Sinn.«

Endlich, nach mehr als zwei Jahren Krieg, war es soweit: die Franzosen und Bayern mußten aus Maria Theresias Königreich Böhmen wieder abziehen. Das war Grund zu großer Freude und zum Feiern: Maria Theresia veranstaltete eines der prächtigsten Feste ihrer Zeit, das Damenreitkarussell in der Winterreitschule. Die vornehmsten Damen der Monarchie, an der Spitze die junge Herrscherin, ritten auf prächtig geschmückten Pferden ein Turnier vor vielen Zuschauern.

Die Aufgabe war das »Türkenstechen«, ein ziemlich rauhes Spiel, das sich seit den Türkenkriegen in Wien eingebürgert hatte. Die vornehmen Reiterinnen trugen in der rechten Hand einen Degen und stachen auf Türkenfiguren ein, die an ihrem Weg aufgestellt waren. Diejenige, die die meisten Treffer erzielte, hatte gewonnen. Nach dem Fest zeigten sich die Reiterinnen in ihren herrlichen Kostümen den Leuten von Wien. Sie alle sollten an dem Fest und an der Freude über den Sieg in Böhmen teilhaben.

Und dann tanzte Maria Theresia die ganze Nacht lang bis zum nächsten Morgen auf dem Hofball Menuett. Sie war ja damals erst 25 Jahre alt. Ihre Freude war zu verstehen: sie hatte ihren Feinden ein ganzes Königreich abgerungen. Nun konnte sie endlich auch in Böhmen zur Königin gekrönt werden.

Die Krönung in Prag war festlich und prunkvoll. Doch Maria Theresia vergaß den böhmischen Fürsten und Grafen nicht so leicht, daß sie noch vor kurzem dem Kurfürsten von Bayern ebenso begeistert zugewunken hatten wie jetzt ihr. Auch das feierliche Hochamt des Kardinalerzbischofs von Prag versöhnte sie nicht. Hatte der Kardinalerzbischof nicht zwei Jahre zuvor den Kurfürsten von Bayern zum König von Böhmen gekrönt und dabei genau das gleiche »Großer Gott, wir loben dich« angestimmt?

Nein, so andächtig und feierlich gestimmt wie bei der ungarischen Krönung war Maria Theresia hier in Prag nicht. Ganz im Gegenteil. Ihr Zorn über so manche Treulosigkeit war noch sehr lebendig. »Die Krone ist hier, habe sie aufgehabt, ist schwerer als die von Preßburg, sieht einem Narrenhäubl gleich«, spottete sie in einem Brief aus Prag nach Wien. Und so sehr die Böhmen auch baten: Sonderrechte wie die Ungarn bekamen sie von Maria Theresia nicht. Aber die Strafen für die Treulosigkeit waren sehr mäßig und ein Zeichen zur Versöhnung.

Der Krieg, vor allem um Schlesien, ging weiter und weiter. Es gab Hungersnöte, Seuchen und fürchterliche Armut. Die Bauern konnten ihre Felder nicht bestellen, weil sie in den Krieg ziehen mußten. Dörfer wurden vom Feind angezündet und geplündert. Kinder starben vor Hunger.

Die Großen führten Krieg, und die kleinen Leute weinten und starben. Es gab immer wieder einen Frieden und immer wieder einen neuen Krieg. Friedrich von Preußen kämpfte für seinen persönlichen Ruhm und für den Ruhm Preußens, Maria Theresia kämpfte für ihr Erbe.

Da starb 1745 völlig unerwartet der bayrische Widersacher Kaiser Karl VII. Der Kaiserthron war also wieder leer. Wer würde Nachfolger werden?

Jetzt zeigte sich, wie sehr sich die Zeiten in diesen ersten fünf Regierungsjahren Maria Theresias geändert hatten. Die österreichischen Erblande waren keineswegs unter die Nachbarn aufgeteilt. Die habsburgische Erbtochter war tüchtig und energisch genug, ihre Länder zusammenzuhalten, auch gegen den Widerstand vieler Feinde. Jetzt sollte es – nach fünfjähriger Unterbrechung – wieder einen römisch-deutschen Kaiser in Wien geben: Franz von Lothringen, Gemahl der Königin Maria Theresia von Ungarn und Böhmen.

Und wirklich: die deutschen Kurfürsten wählten Franzl zu Kaiser Franz I. Die Kaiserkrönung fand in Frankfurt statt.

Aus Maria Theresia wurde »Kaiserin Maria Theresia«, ein Titel, den sie als Ehefrau von Franz erhielt. Sie selbst hatte mit den Regierungsgeschäften im Deutschen Reich nichts zu tun. Sie war ja Königin in ihren Erbländern.

Und außerdem: wirkliche Macht hatte natürlich einzig und allein Maria Theresia in ihren Ländern. Franzls Kaiserwürde war zwar sehr alt und ehrwürdig, aber kaum mehr als eine Würde und ein Name. Rangmäßig stand der Kaiser über den deutschen Fürsten, in Wirklichkeit fiel es aber kaum einem der sehr selbstbewußten Fürsten ein, das zu tun, was der Kaiser in Wien wollte. Die Regierung des Kaisers bestand hauptsächlich aus feierlichen Auftritten und aus Ordensverleihungen. Zu sagen hatte er in Deutschland so gut wie nichts.

Das wußte natürlich auch König Friedrich von Preußen. Er fand, die Kaiserwürde sei ein »leerer Titel«, und hatte keinerlei Ehrgeiz, diesen Titel für sich zu gewinnen.

Auch Maria Theresia wußte sehr wohl, daß die Kaiserwürde gar nicht so viel bedeutete. Aber sie ließ es ihren Franzl nicht merken. Sollte er Kaiser sein! Die Macht blieb doch bei ihr.

Die Regierungsgeschäfte von Kaiser und Königin, die nun auch meistens Kaiserin genannt wurde, waren völlig getrennt. Der Kaiser des Deutschen Reiches hatte kaum Gelegenheit, der Königin von Ungarn und Böhmen bei ihren Regierungsgeschäften zuzusehen. Und die Königin von Ungarn und Böhmen hatte bei den Aufgaben des Kaisers nichts mitzureden.

Aber Franzl und Reserl waren ja neugierig. Der eine wollte so gerne wissen, wie der andere regierte. Wenigstens bei besonderen Gelegenheiten. Und so kamen sie auf eine Idee: Wenn der eine schon nicht offiziell beim anderen dabeisein durfte, so doch wenigstens heimlich. Ein Tischler wurde gerufen, und dieser mußte in die Tür zum großen Empfangssalon des Kaisers ein Loch einbohren, ganz bequem in Augenhöhe, damit die Königin den Kaiser bei seinen großen Auftritten sehen konnte.

Aber auch der kleine Kronprinz Joseph wollte zuschauen. Er sollte ja auch einmal Kaiser des Deutschen Reiches werden und mußte lernen. Also wurde ein zweites Gucklock in die Tür gebohrt, nur etwas tiefer als das der Mutter.

»Jetzt ist aber Schluß«, sagte Maria Theresia, als auch die anderen Kinder eigene Gucklöcher haben wollten. »Die Tür wird ja ein richtiges Sieb.« Also mußte Joseph seine Geschwister auch durchschauen lassen.

Umgekehrt schaute auch Kaiser Franz seiner Frau oft heimlich beim Regieren zu. Er versteckte sich am liebsten hinter Paravants oder großen Vorhängen. So brauchte Maria Theresia ihrem Mann nicht nach jeder wichtigen Unterredung mühsam alles weiterzuerzählen, denn er wußte ohnehin schon, worum es ging, und so hatten sie wieder Zeit gespart.

Kurze Zeit nach der Kaiserkrönung war es endlich soweit: Es wurde Frieden geschlossen, vor allem mit Preußen. Schweren Herzens mußte Maria Theresia auf Schlesien verzichten und zusehen, wie Friedrich, ihr großer Widersacher, zu Ruhm und Ehren in Europa kam.

Aber immerhin: mit der Ausnahme Schlesiens hatte Maria Theresia ihr Erbe bewahrt. Und nun konnte sie darangehen, ihre verarmten Länder zu Wohlstand und Ruhe zu bringen. Daß in Flandern und auch in Italien ihre Truppen noch drei Jahre lang gegen Frankreich kämpfen mußten, war zwar schlimm, aber immerhin: die habsburgischen Erbländer, vor allem Österreich, Böhmen und Ungarn, waren von der Plage des Krieges befreit.

Die kaiserliche Erbtochter war nun gekrönte Königin von Ungarn und Böhmen, Franz römisch-deutscher Kaiser. Aber es gab noch viel zu tun. Denn die Länder waren durch den Krieg verarmt und brauchten Hilfe. Und auch für die Soldaten mußte etwas getan werden: sie waren viel zu schlecht ausgebildet, um gegen die guten preußischen Truppen Friedrichs in Zukunft bestehen zu können.

Es ging doch nicht, daß in der gleichen Truppe einer der Soldaten langsam schoß und der andere schnell. Die Uniformen waren ganz verschieden, so daß man nicht gleich wußte, wer Kamerad war und wer Feind. Die Kommandos waren nicht einheitlich. Wenn ein ungarischer Offizier ungarische Befehle gab, konnten

ihn die Deutschen, Tschechen und Italiener nicht verstehen – und umgekehrt. Und das alles gegenüber einem glänzend ausgebildeten Heer der Preußen mit einheitlichen Uniformen, einheitlicher Bewaffnung und einheitlichen deutschen Kommandos!

Maria Theresia trieb ihre Generäle zu Reformen an. Und für die bessere Ausbildung der Offiziere gründete sie die Militärakademie von Wiener Neustadt, die es noch heute gibt. Die Soldaten wurden nicht nur besser ausgebildet, sie bekamen auch bessere Verpflegung, eine bessere Ausrüstung. Die Prügelstrafe wurde abgeschafft. Von nun an brauchte sich kein Soldat mehr vor Stockhieben zu fürchten.

Und endlich kümmerte sich auch jemand um die armen Kriegskrüppel, die nicht mehr arbeiten konnten und meist als Bettler lebten: Maria Theresia gründete für sie Invalidenhäuser.

Und da nicht nur Soldaten, sondern auch Beamte und Diplomaten in einem so großen Reich wichtig sind und bisher reichlich schlecht ausgebildet waren, gründete Maria Theresia für sie eine besonders gute Schule: das »Theresianum« in Wien. Sie schenkte der Schule sogar das Sommerschloß ihres Vaters, die ehemalige »Favorita«, wo sie als Kind Theater gespielt hatte.

In all diesen Jahren, als die Kaiserin-Königin ihr Reich regieren mußte, Kriege führte, Minister anhörte und Generäle zur Eile antrieb, brachte sie Kinder auf die Welt. Von ihren drei ersten Mädchen überlebte nur eines die Kinderjahre: Maria Anna, die später sehr ge-

lehrt wurde und schon als Kind am liebsten im Winkel saß und las.

Das vierte Kind war Joseph, der Kronprinz, das fünfte Marie Christine. Sie war die Künstlerin der Fa- *S. 124 milie. Sie konnte wunderschön malen. Marie Christine nahm bei den jüngeren Geschwistern manchmal die Mutterstelle ein. Das hatten diese gar nicht gern, denn sie war viel strenger als die Ajas.

Das sechste Kind war jemand ganz besonderer: die »schöne Elisabeth«. Sie war lustig und eitel, hatte strahlend blaue Augen und schaute hundertmal am Tag in die großen Spiegel von Schönbrunn, um nachzuprüfen, ob sie immer noch schön sei.

Das siebente Kind war der zweite Sohn Karl. Er galt als das gescheiteste der kaiserlichen Kinder und ließ das auch seinen älteren Bruder Joseph fühlen. Denn Karl war nicht nur sehr selbstbewußt, sondern auch eifersüchtig, weil nicht er, der »Gescheite«, Kronprinz war, sondern Joseph. Die beiden Brüder waren Rivalen und stritten häufig. Joseph, der sehr ernst und verschlossen war, beneidete heimlich seinen jüngeren lebenslustigen Bruder Karl. Manchmal bildete er sich ein, daß die Mutter den jüngeren viel lieber hatte als ihn, der immer nur lernen und lernen mußte, weil er der Kronprinz war.

Als achtes Kind folgte Maria Amalia, die man »die

träge Prinzessin« nannte und die oft schlechter Laune war, niemand wußte recht warum, als neuntes Peter Leopold, dessen Patentante die russische Zarin war. Das zehnte Kind, Karolina, starb gleich nach der Geburt.

Maria Theresia erklärte nach jeder Geburt stolz: »Man kann nie genug Kinder haben. In diesem Punkt bin ich unersättlich.«

Das war eine große Leistung, auch wenn Maria Theresia viele Kindermädchen, viele Kammerzofen, viele Lehrer, viele Ärzte für die große Kinderschar hatte und ihnen ja auch nicht selbst das Essen kochen und die Strümpfe stopfen und die Zöpfe flechten und die Betten machen mußte wie andere Mütter.

Wann immer es möglich war, ging die Kaiserin in eine der kaiserlichen Kindskammern zu ihren Kindern, sah ihnen beim Spielen und beim Lernen zu, ermahnte sie, brav zu sein, genau so, wie es jede Mutter auf der Welt glaubt, ständig tun zu müssen.

Manchmal ließ sie die Kinder auch bei sich spielen, wenn sie Regierungsgeschäfte hatte. Fremde Botschafter berichteten etwas spöttisch, am Wiener Hof gehe es reichlich seltsam zu: die kaiserliche Majestät arbeite mitten in einem großen Durcheinander von Kindern und Hunden. Offenbar mache ihr der Trubel gar nichts aus, ja, er freue sie sogar.

Mancher empörte sich darüber, daß sich der kleine Kronprinz nicht beim Soldatenspielen stören ließ, wenn ein goldbefrackter Fürst zum Vortrag bei der kaiserlichen Majestät erschien. Marie Christine zog in aller Seelenruhe ihre schöne Puppe an und aus. Und das alles bei einem wichtigen politischen Vortrag bei

Ihrer Majestät! Da fehlte nur noch, daß der kleine Peter Leopold kräftig in die Trompete blies, die er um den Hals hängen hatte! Eigenartige Sitten waren das in Wien!

Besonders verärgert waren manche hohe Herrschaften, wenn sie im Vorzimmer des Audienzzimmers auf Einlaß warteten – und immer weiter warten mußten, nur weil eine runde, dicke Amme erschien und ganz dringend Ihre Majestät zu sprechen hatte wegen irgendeines kaiserlichen Babys. Es war nicht zu glauben: da mußten doch all die hohen Herrschaften warten, und diese Bäuerin aus Ungarn oder Böhmen wurde vor ihnen hineingelassen zur Majestät.

Der Kaiser war auch nicht besser als seine Gemahlin: er liebte die Gemütlichkeit und war immer froh, wenn Besuche endlich bei der Tür hinaus waren. Dann konnte er sich die unbequeme weiße Perücke abziehen, sich in seinen Hausrock hüllen und sich zu seiner arbeitenden Frau setzen, ebenfalls mitten hinein in das Durcheinander von Kindern und hüpfenden und bellenden Hunden.

Franz wollte nicht immer nur Majestät sein. Er wollte eine richtige Familie. Daß er eine Frau geheiratet hatte, die immer arbeiten mußte, war schon schwierig genug. Auf das kaiserliche Protokoll konnte Franzl ebenso verzichten wie Maria Theresia, die für Franzl nach wie vor nur Reserl hieß.

Der Obersthofmeister hatte keine reine Freude an diesen kaiserlichen Majestäten. Aber Maria Theresia verstand es immer wieder, den strengen Herrn auf überraschende Art zu versöhnen – oder ihn wenigstens zum Schmunzeln zu bringen. So war sie es gewöhnt, auch während des Frühstücks Akten zu lesen. Sie tunkte ihr Kipferl in den Morgenkaffee beim Aktenlesen – und schwupps! – war ein großer Kaffeefleck auf dem schön geschriebenen und versiegelten Aktenstück. Was tat die Kaiserin, als sie sah, daß der Kaffeefleck auch durch heftiges Wegwischen nicht wegzubringen war? Sie kringelte den Fleck mit Tinte ein und schrieb daneben: »Ich schäme mich sehr, diesen Fleck gemacht zu haben. Entschuldigung!«

Die alte Hofburg wurde immer enger und enger. Wohin mit all den Lehrern, den Ärzten, den Perückenmachern, Wäscherinnen, Tafeldeckern, Silberputzern?

Ein neues Sommerschloß sollte gebaut werden mit Räumen für alle Beamten und Diener des Hofes und selbstverständlich mit prächtigen Empfangs- und Wohnräumen für die große kaiserliche Familie.

Der Architekt Pacassi wußte auch schon genau wie: auf dem Hügel bei dem alten Jagdschlößchen Schönbrunn sollte ein prächtiger Palast entstehen, ein neues Weltwunder von kaiserlicher Pracht. Stundenlang schwärmte Pacassi der Kaiserin von diesem Weltwunder vor, das er plante.

Diese Schwärmerei machte Maria Theresia ungeduldig: »Gut, wir brauchen ein großes Schloß. Aber kein neues Weltwunder.« Sie machte die prächtigen Pläne Pacassis sehr viel kleiner. Das neue Schloß solle oben auf der Höhe des Hügels stehen? Nein, das war zu teuer, entschied sie. Und aus dem Schloß auf dem Hügel wurde die Aussichtsterrasse der »Gloriette«.

Statt dessen wurde das kleine Jagdschlößchen Schönbrunn am Fuße des Hügels ausgebaut. Es bekam

zwei Seitenflügel und ein neues Stockwerk, und immer wenn Pacassi wieder einen seiner prächtigen Pläne vorbrachte, sagte Maria Theresia streng: »Und gebe Er ja nicht zuviel Geld aus!«

Freilich, das Schloß Schönbrunn wurde im Lauf der Jahre trotzdem sehr prächtig – und sehr teuer. Und da Maria Theresias Privatkassen meistens leer waren, mußte sie Kredit aufnehmen und anderen Besitz verkaufen, so zum Beispiel Dorf und Herrschaft Strebersdorf bei Wien.

Das umgebaute und vergrößerte Schönbrunn hatte schließlich 2000 Räume. Und keiner dieser Räume stand leer. Es wimmelte in Schönbrunn vor Menschen: um die kaiserliche Familie scharten sich rund 1000 Diener und Beamte und Minister und Hofdamen und Erzieherinnen, außerdem noch rund 200 Leibgardisten, elf Geistliche, neun Ärzte, 56 Köche, dann viele Bäcker, Kellermeister, Fleischhauer, Hoftafeldecker, 140 Musikanten und Sänger und ein deutscher und ein italienischer Hofdichter. Alle diese Leute mußten in Schönbrunn untergebracht werden, je nach Rang und Würde entweder im Hauptgebäude oder in den vielen Nebengebäuden.

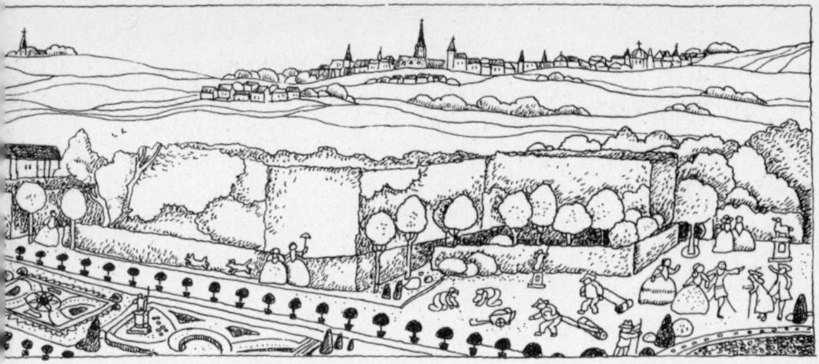

Im Mittelteil des Schlosses waren die Festsäle für die Bälle und Empfänge, und dort wohnten auch der Kaiser und die Kaiserin in je zehn Privatgemächern – den prächtigsten der 2000 Räume.

In den Seitenflügeln des Schlosses wohnten die jungen Herrschaften: im linken Seitenflügel die kaiserlichen Töchter und im rechten Seitenflügel die kaiserlichen Söhne. In der Kleinkinderzeit hatte jedes kaiserliche Kind ein Vorzimmer, ein Wohnzimmer und eine Schlafkammer. Sobald sie jedoch einen eigenen Hofstaat bekamen, zogen sie in eine größere Wohnung um. Jedes Kind hatte nun fünf Räume (zwei Vorzimmer, ein Audienzzimmer, ein Wohnzimmer und einen Schlafraum). Bei zehn Kindern kamen also schon 50 Gemächer zusammen ohne die vielen Wohnungen für die Erzieher und Diener.

Und immer noch kamen kaiserliche Kinder auf die Welt: als elftes Kind Johanna, als zwölftes Maria Josepha, die sanfte und wohltätige, die Lieblingsschwester des um zehn Jahre älteren Kronprinzen Joseph, dann als dreizehntes Maria Karoline, die sehr energisch und eine rechte Plaudertasche war, als vierzehntes der ein wenig bequeme Ferdinand und als fünfzehntes Kind Maria Antonia, die besonders musikalisch war und sehr graziös tanzen lernte.

Um von einer Kindskammer zur nächsten zu gelangen, mußte die Kaiserin in Schönbrunn weite Wege zurücklegen, lange Korridore durchwandern, treppauf, treppab gehen, um viele Ecken herum, an vielen Lakaien und kaiserlichen Türhütern vorbei.

Am Abend war es besonders kompliziert. Die langen Korridore und Gänge im Schloß waren dunkel. Und jeder, auch die kaiserlichen Kinder, brauchten Laternen, um sich zurechtzufinden.

Sie trugen freilich die Laternen nicht selber in der Hand. Denn zum Laternentragen gab es kaiserliche Laternenträger, die in einem eigenen Laternenzimmer auf die Befehle der Herrschaft warteten. Wenn also ein kaiserlicher Sohn seine Schwester, eine kaiserliche Tochter, am Abend in Schönbrunn besuchen wollte, schickte er zunächst einen Lakaien in das Laternenzimmer, um einen Laternenträger zu holen. Dieser begleitete die kleine Herrschaft auf ihrem Gang durch die langen dunklen Korridore von Schönbrunn bis an sein Ziel – und auch später wieder zurück. Das nannte man das »Heimleuchten«.

Es dauerte viele Jahre, bis Schönbrunn fertig war. Viele Jahre lang hämmerten die Zimmerleute und die Maurer, die Steinmetzen und die Tischler, während die Kaiserin mit ihrer Familie schon einige der Räume bewohnte. Viele Jahre lang sah man nicht wie heute die schöne gelbe Fassade des Schlosses, sondern lauter Gerüste.

Die Kinder aber, die auf diesen Gerüsten herumturnten, waren nicht die Kinder der Kaiserin, sondern die Wiener Sängerknaben. Wenn sie vom Singen und Singenüben in der Schönbrunner Schloßkapelle genug hatten, dann tobten sie im Schloßgarten umher. Und die hohen Baugerüste zogen sie wie mit Zauberkraft an: sie kletterten hinauf, machten dort oben ihre Späße und allerlei Kunststücke, daß den Hofleuten angst und bange wurde. Alle Verbote halfen nichts.

Einmal ging die Kaiserin zufällig vorbei. Als sie die Buben hoch oben auf dem Baugerüst Unfug treiben sah, machte sie ein großes Donnerwetter und sagte dem Obersthofmeister: »Das ist zu gefährlich. Die Buben können sich ja den Hals brechen. Sofort herunter mit ihnen. Sonst gibt's Prügel!« Verschüchtert kletterten die Buben herunter. Vor dem Obersthofmeister hatten sie große Angst, viel mehr als vor der Kaiserin.

Doch der Schreck hielt nicht lange an. Am nächsten Tag schon tobten wieder einige Sängerknaben auf den Gerüsten herum, kreischten laut und machten Vogel-

stimmen nach. Einer von ihnen, und zwar der wildeste, hieß Joseph Haydn. Daß er einmal ein berühmter Komponist werden sollte, konnte man damals noch nicht wissen. Man wußte nur (und sah und hörte es ja auch), daß Haydn der wildeste aller Sängerknaben war und daß Verbote bei ihm wenig nützten. Aber Haydn hatte nicht damit gerechnet, daß die Kaiserin immer das tat, was sie sagte. Jedenfalls wurde der schlimme Bub vom Gerüst herunterkommandiert und von einem
*S. 124 Lakaien tüchtig verprügelt.

Es wimmelte in Schönbrunn von Spionen, vor allem von preußischen Spionen, die sich als Zimmerputzer oder Lakaien oder als Friseure ausgaben. Maria Theresia mußte sich vorsehen, vor allem, wenn sie mit ihrem Staatsminister, dem Fürsten Kaunitz, über die neuesten Bündnisse sprach, die sie plante. Sie wollte sich nämlich mit dem österreichischen Erbfeind, dem König von Frankreich, versöhnen, eben jenem König, der bis vor kurzem mit Preußen gegen Österreich verbündet war.

Wenn sie aber mit Kaunitz beisammensaß und Dinge besprach, die der König von Preußen nicht erfahren durfte, hatte sie immer Angst, besonders beim Essen. Denn ständig kam ein Lakai herein. Der eine füllte Wasser nach und der andere Wein. Der eine brachte die Vorspeise und der andere die Nachspeise. Der eine räumte die Teller ab, und der andere brachte neue Teller. So ging es fortwährend. Und jedesmal mußte die Kaiserin ihre Unterhaltung unterbrechen, damit der Lakai nicht alle Geheimnisse mithörte und später ausplauderte.

Schließlich wurde ihr das zu lästig, und sie ließ sich in Schönbrunn ein Geheimkabinett einrichten, um ungestört und ungehört reden zu können. Dafür wurde der kostbare Parkettboden in der Mitte eines kleinen Rundkabinetts aufgeschnitten und ein Tischleindeckdich eingebaut. Der gedeckte Tisch wurde mit dicken Seilen und Ketten aus dem unteren Geschoß vorsichtig in die Höhe gezogen. Unter dem Tischleindeckdich schloß sich der Boden wieder, und die Kaiserin brauchte in ihrem Geheimkabinett keinen einzigen Lakaien mehr. Sie bediente sich und ihren Gast von nun an selbst – und hatte viel Zeit gespart, weil sie nicht wegen der Lakaien ständig ihre Besprechung unterbrechen mußte.

Dieser Tisch hieß bald am Hof nur noch die »Konspirationstafel«, also »Verschwörungstafel«, ein Wort, das der Kaiserin gar nicht gefiel. Sie bestand darauf, den Tisch »Unionstafel«, also »Einigkeitstafel« zu nennen.

Später dachte sich die Kaiserin noch eine Besonderheit für diesen Raum aus: Sie ließ eine Tapetentür einbauen, die als Tür nicht erkennbar war und zu der eine kleine Wendeltreppe führte. Über diese Wendeltreppe konnte ihr Staatskanzler Fürst Kaunitz jederzeit unbemerkt das Zimmer betreten, nämlich immer dann, wenn seine Anwesenheit bei einem wichtigen Punkt der Verhandlungen nötig wurde. Selbstverständlich konnte Kaunitz auch durch die dünne Tapetentür zuhören, wenn die Kaiserin es wünschte. Jedenfalls fühlte sich Maria Theresia bei Besprechungen mit fremden Diplomaten viel sicherer, wenn sie Kaunitz in der Nähe wußte.

*S. 125

Gleichzeitig mit dem Schloß wurde natürlich auch der Schloßgarten von Schönbrunn angelegt mit den Springbrunnen, den hohen geschnittenen Baumhekken, den griechischen Statuen an den weißen Kieswegen und den bunten, genau abgezirkelten Blumenbeeten, wo jedes Unkraut gleich ausgezupft wurde.

Die Kaiserin liebte es, in »ihrem« Garten von Schönbrunn spazierenzugehen. Aber sie hatte ja eigentlich nie Zeit dazu, weil immer wieder neue Akten zu lesen und zu erledigen, neue Briefe zu beantworten waren.

Weil sie aber trotzdem täglich im Garten spazierengehen wollte, dachte sie nach und hatte eine gute Idee: sie ließ sich einen tragbaren Schreibtisch bauen. Er war ganz ähnlich wie die Bauchläden, die die Verkäuferinnen in manchen Kinos heute noch tragen und die damals die Hausierer hatten, wenn sie ihre Waren an den Türen der Hausfrauen anboten. Maria Theresias Gartenschreibtisch war eine tragbare Platte mit einem Band, das sie um den Hals legte und so in der Waagrechten hielt. Auf dieser Platte trug sie ihre Akten und Briefe mit sich im Garten herum, an den Brunnen und Blumenbeeten vorbei.

Das Brett hatte sogar eine Vertiefung für das Tintenfaß, so daß sie auch ihre Akten – wenn auch ein bißchen wackelig – unterzeichnen konnte.

Sie verlor keine Arbeitszeit, war aber trotzdem an der frischen Luft. Und niemand durfte sie stören. Außer ihren Kindern natürlich, den Ammen und den Ajas der Kinder.

Die vielen Wiener Familien, die ihren Sonntagsausflug in den Schönbrunner Schloßpark machten,

störten die Kaiserin ohnehin nicht. Sie schauten ihr nur ehrfurchtsvoll bei der Arbeit zu und fanden es wunderbar, daß der schöne Schloßpark nicht wie in anderen Königreichen für das Volk gesperrt, sondern offen war. Jedermann durfte darin umherspazieren. Und außerdem hatte die Kaiserin einem Koch erlaubt, in einem Nebengebäude zu kochen und Wein auszuschenken.

Kaiser Franz kümmerte sich besonders um die Anlage des botanischen Gartens mit vielen Bäumen, Sträuchern, Blumen und Gräsern. Er ließ auch den Tiergarten anlegen mit den hübschen Pavillons, die heute noch dort stehen. Er ließ die Vogelhäuser, die Aquarien, die Raubtierkäfige, die Flamingoteiche bauen. Er schickte sogar Expeditionen in ferne Länder aus. Sie brachten seltene Vögel und Tiere aus Südamerika und

Ostasien nach Wien, aber auch seltene Pflanzen, von der zartesten Orchidee bis zum Tropenbaum.

Ganz besondere Tiere wurden vom Kaiser und seinen Kindern höchstpersönlich empfangen, so das Kamel, das der Sultan dem Kaiser schenkte, oder das Nashorn, das auf dem Umweg über die Niederlande mit einem Donauschiff in Wien ankam. Marie Christine konnte sich an den fliegenden Eichhörnchen gar nicht satt sehen. Die schöne Elisabeth mochte besonders die großen roten Papageien. Nur die kleine Maria Josepha hielt sich an Vaters Hand fest, weil ihr die fremden Tiere zu unheimlich waren. Und als der erste zahme Puma in Schönbrunn zu begrüßen war, versteckte sie sich ängstlich unter dem weiten kaiserlich-väterlichen Mantel.

1756 brachte Maria Theresia ihr letztes Kind zur Welt. Es war das sechzehnte und wurde Maximilian genannt, später auch »der dicke Max«, weil seine Lieblingsbeschäftigung das Essen war.

Die Wiener konnten sich an ihrer großen Kaiserfamilie gar nicht satt sehen, vor allem bei dem großen Umzug zu Fronleichnam. Da gingen der Kaiser und die Kaiserin, hinter ihnen dreizehn Kinder (drei waren ja als Kleinkinder schon gestorben) wie die Orgelpfeifen, alle blond und blauäugig und recht lebhaft (außer der »trägen« Maria Amalia und dem dicken kleinen Max), und hinter der jungen Familie folgten die grauhaarigen Würdenträger des Hofes gemessenen Schrittes und mit wichtiger Miene.

Als der kleine Max geboren wurde, gab es wieder Krieg. Wieder einmal hatte Friedrich von Preußen seine Feinde, diesmal Sachsen, plötzlich und unerwartet angegriffen. Maria Theresia hoffte, in diesem neuerlichen Krieg Schlesien zurückerobern zu können. Denn sie war diesmal nicht nur mit Sachsen, sondern auch mit Frankreich und Rußland und Schweden und den deutschen Staaten verbündet. Alle gemeinsam wollten sie es Friedrich zeigen. Die Soldaten waren viel besser ausgebildet als im Österreichischen Erbfolgekrieg. Die Kassen waren nicht mehr so leer. Jetzt oder nie, dachten die Verbündeten und auch die Kaiserin.

Und endlich gab es Siege über die Preußen: zunächst den Sieg von Kolin. Die Freude darüber war so groß, daß der Tag von Kolin der »Geburtstag der Monarchie« genannt wurde. Das bedeutete, daß nun endlich die Leute das Gefühl hatten, daß die Monarchie in den österreichischen Ländern unter Maria Theresia gesichert war, daß bald ein normales Leben ohne Kriege beginnen könnte, ohne Gefährdung durch die habgierigen Nachbarn. Maria Theresia stiftete aus Dankbarkeit für ihre tüchtig gewordene Armee einen berühmt gewordenen Orden: den Maria-Theresien-Orden. Er wurde an solche Soldaten vergeben, die besonderen Mut und besondere Selbständigkeit zeigten und dadurch Erfolg hatten. Das Besondere an diesem Orden war, daß er nicht nur für Generäle oder sonstige vornehme und aristokratische Offiziere gemacht war, sondern für alle, ob adelig oder nichtadelig, ob General oder einfacher Soldat. Hauptsache war Mut und Tüchtigkeit.

Aber der Krieg war mit dem Sieg von Kolin keineswegs zu Ende. Zwei Monate später gab es noch immer Krieg, aber einen zweiten Sieg, den von Kunersdorf.

Oberstleutnant Graf Kinsky brachte die gute Nachricht nach Wien. Zwanzig berittene Postillione begleiteten ihn und ließen sich in allen Dörfern und Städtchen auf dem langen Weg von Böhmen nach Wien gehörig bewundern. Als sie vor dem Schloß Schönbrunn ankamen, bliesen sie auf ihren frischgeputzten Trompeten aus vollen Lungen.

Diese fröhliche Blaserei kann nur etwas Gutes bedeuten, dachten sich die Leute und liefen den Postillionen bis in den Schloßhof nach. Die Kinder hüpften vor Freude, als sie sahen, daß Maria Theresia den Kurier

auf dem Balkon des Schlosses empfing. Das konnte nur ein Sieg sein! Hoffentlich war es auch das Ende des Krieges!

Der Kurier und die zwanzig Postillione waren viele Stunden in aller Eile hergeritten und waren durstig und hungrig. Bevor sie weiterblasen konnten, mußten sie erst einmal trinken und essen. Die Lakaien rannten, so schnell sie konnten, um den Männern Wein und Bier und Wasser und Wurst und Schinken zu bringen. Für die Postillione war es das schönste, einen Sieg melden zu dürfen.

Das dritte Jahr des Krieges brachte den Sieg bei Hochkirch. Der Kurier kam erst am späten Abend in der Hofburg an. Dort hatte man gerade den Namenstag der Kaiserin gefeiert, eines der prächtigsten Feste am Hof. Die Festgäste waren schon nach Hause gefahren. Die Küchenweiber hatten schon das goldene Geschirr abgewaschen, die Heizer die großen Kamine für die Nacht mit genügend Holz gefüllt. Die vielen tausend Kerzen der Kronleuchter waren fast ausgebrannt.

Maria Theresia und Franz saßen noch ein wenig beisammen. Maria Theresia tat, was sie immer tat, wenn sie ihrem Herzen freie Bahn geben konnte: sie schimpfte auf König Friedrich. »Dieses Ungeheuer«, »dieses Monstrum«, »dieser böse Mensch«, »unser häßlicher Nachbar« nannte sie ihn und dachte voller Sorge an ihre Soldaten in Böhmen. Da kam keuchend, aber freudestrahlend der Kurier aus Hochkirch an. Friedrich II. war besiegt.

»Das müssen die Kinder erfahren!« rief die Kaiserin und schickte sofort einen Lakaien aus mit dem Befehl an die »allerdurchlauchtigsten Kinder«, sofort zu ihr zu kommen.

Und nun eilten die kaiserlichen Kinder herbei, so, wie sie gerade aussahen: Erzherzogin Maria Anna hatte noch das Edelsteindiadem vom Fest im Haar, hatte sich aber schon das steife Festkleid aus- und das Nachtkleid angezogen. Erzherzogin Josepha hatte zwar noch das Festkleid mit Reifrock an, aber schon die Haare aufgelöst, die ihr wirr ins Gesicht hingen. Die Prinzen waren halb in Uniform und halb im Hemd.

Der kleine Maximilian hatte schon geschlafen mit seiner großen Schlafhaube. Er verstand gar nicht, warum man ihn mitten in der Nacht aufschrecken mußte, rieb sich mißmutig die Augen und ließ sich schließlich von der großen Schwester Marie Christine tragen.

Alle Kaiserkinder huschten durch die dunklen Gänge der Hofburg, treppauf, treppab, so schnell, daß die kaiserlichen Laternenträger kaum Schritt halten konnten. Die Kinder hatten ein wenig Angst vor dem strengen Obersthofmeister. »So unordentlich gekleidet darf niemand zur kaiserlichen Majestät«, hätte er sicherlich geschimpft.

Aber der Obersthofmeister war schon schlafen gegangen. So feierte Maria Theresia mit Franz Stephan und allen ihren Kindern den Sieg bei Hochkirch ganz ohne Etikette, im Halbdunkel, bei dem Schein von ein paar kleinen Leuchtern.

Aber die Freude war leider zu früh. Die Siege der österreichischen Soldaten nützten nicht viel. Noch nicht einmal der große Sieg von Kunersdorf, als Friedrich mehr als die Hälfte seiner Armee verlor und beinahe in österreichische Gefangenschaft geraten wäre, brachte Frieden. Denn wieder einmal waren die Verbündeten uneinig und konnten den Sieg der Soldaten nicht nützen. Der Krieg ging weiter. Und wenn die österreichischen Schulkinder die österreichischen Siege von Kolin, Hochkirch und Kunersdorf lernen mußten, so lernten die preußischen Schulkinder die preußischen Siege von Roßbach, Leuthen und Torgau.

Der Krieg kostete sehr viel Geld. Die Steuern wurden erhöht. Die Kaiserin verpfändete ihren kaiserlichen Schmuck. Sie ließ Tafelsilber aus der kaiserlichen Silberkammer einschmelzen. Sie verkaufte viele ihrer prächtigen Kutschen und Schlitten. Viele reiche Leute machten es ihr nach. Aber trotzdem – das Land wurde ärmer und ärmer. Krankheiten brachen aus: die Cholera und immer wieder die Pocken. Ganze Landschaften wurden menschenleer – zunächst durch den Krieg, dann durch die Krankheiten.

Die Pocken machten auch nicht vor den Schloßtoren von Schönbrunn halt. Maria Theresias zweiter Sohn (und man sagte, es war ihr Lieblingssohn), der »gescheite« Karl, starb im Alter von 16 Jahren an Pokken. Dann starb die zwölfjährige Johanna (und man sagte, es war Maria Theresias Lieblingstochter), und dann Josephs über alles geliebte Frau Isabella mit ihrem soeben geborenen kleinen Mädchen.

Die »schöne Elisabeth« überlebte die Krankheit. Doch ihre Schönheit war dahin. Ihr Gesicht war von den Pockennarben entstellt, und von nun an wollte sie nie mehr in einen der großen Spiegel von Schönbrunn schauen. Das Warten auf das Kriegsende dauerte lange sieben Jahre. Es war der »Siebenjährige Krieg« von 1756 bis 1763.

In dieser Zeit gab es wenig Freude – bei den Armen noch weniger als bei den Reichen. Am Kaiserhof wurden keine Bälle mehr gefeiert, keine Feste mehr gegeben und keine lustigen Schlittenfahrten.

Aber es war auch die Zeit, als zwei musikalische Wunderkinder durch Europa reisten, um ihre Kunst zu zeigen: der sechsjährige Wolfgang Mozart und seine elfjährige Schwester Nannerl. Ihr Ruhm verbreitete sich bis in die kaiserliche Familie.

Maria Theresia ließ die beiden Kinder mit ihrem Vater Leopold zu sich kommen. Selbstverständlich wollten auch die Kinder der Kaiserin bei diesem Besuch dabei sein. Sie waren ja alle musikalisch und lernten alle Klavierspielen. Die Buben spielten außerdem noch Violine. Die Mädchen hatten dafür Unterricht im Gesang und traten auch als Sängerinnen im Schloßtheater von Schönbrunn auf. Sie waren also fachkundige Zuhörer.

Maria Theresia saß in einem Lehnsessel, als Vater Mozart mit seinen Kindern hereingeführt wurde. Die »Papillons« hüpften im Salon herum und ließen sich von den kaiserlichen Kindern, vor allem von der sechsjährigen Maria Antonia, necken.

So familiär und gemütlich war es hier! Wolfgang und Nannerl waren kaum noch aufgeregt, als sie ihre schönsten Stücke vorspielten – Nannerl am Klavier und Wolfgang auf der Geige. Wolfgang schmunzelte, als er sah, wie die kleine Maria Antonia ihren winzigen Hund festhielt, damit er die Künstler nicht mit Bellen störe.

Wolfgang freute sich über den Beifall und die kaiserliche Huld so sehr, daß er überhaupt keine Scheu mehr hatte. Er stürzte am Schluß der Vorstellung auf die freundliche Dame im Lehnsessel zu, setzte sich ihr auf den Schoß und gab ihr ein »Busserl«. Maria Theresia ließ sich das lachend gefallen. Vater Leopold Mozart war zuerst sehr erschrocken, lächelte aber dann auch, weil die Kaiserin lächelte, und war sehr stolz.

Nachher spielten die Kinder noch ein wenig miteinander. Manche sagten, daß Wolfgang der kleinen Maria Antonia an diesem Tag einen Heiratsantrag gemacht habe: »Wenn ich einmal groß bin, will ich dich heiraten.« Aber das ist vielleicht eine Legende. Denn *S. 125 niemand konnte hören, was der sechsjährige Wolfgang der sechsjährigen Maria Antonia ins Ohr flüsterte.

Einen Monat später besuchte ein »Geheimer Zahlmeister« die Familie Mozart und überbrachte ihr 100 Dukaten und dazu noch zwei wunderschöne Kleider, »eines für den Buben«, also Wolfgang, und »eines fürs Mädl«, also Nannerl.

Endlich, endlich nach sieben Kriegsjahren gab es Frieden. Wieder einmal mußte Maria Theresia auf Schlesien verzichten, diesmal jedoch endgültig. Nie mehr versuchte sie, diese Provinz zurückzubekommen. Friedrich II., König und Feldherr, wurde von nun an »Friedrich der Große« genannt. Preußen war durch ihn eine Großmacht geworden.

Viele Dörfer und Städte und Felder waren vom

Krieg verwüstet. Gleich ob Sieg oder Niederlage: es gab Krankheiten und Armut bei den Bauern und Handwerkern und Bürgern. Viele Mütter trauerten um ihre gefallenen Söhne, und viele Frauen um ihre Männer, und viele Kinder um ihre Väter. Und mancher, der aus dem Krieg lebend nach Hause kam, blieb ein Krüppel.

Kaiserin Maria Theresia war in diesem Siebenjährigen Krieg eine alte, müde Frau geworden. »Nie mehr Krieg«, schwor sie sich. Von nun an setzte sie ihre ganze Kraft dafür ein, ihre verarmten Länder wieder zu Wohlstand und zu Gesundheit zu bringen.

Aber auch in der kaiserlichen Familie gab es viel zu tun. Die älteren Kinder waren heiratsfähig. Jede Hochzeit im Kaiserhaus war am Hof ein prächtiges Fest. Höhepunkt des Festes war stets eine »öffentliche Tafel«. Das bedeutete, daß Kaiser und Kaiserin, das Brautpaar, die Geschwister, der Obersthofmeister, der Obersthofmarschall, der Oberststallmeister und andere hohe Würdenträger in einem großen Saal an langen Tischen saßen, von Gold- oder Silbergeschirr aßen und sich dabei vom Volk zuschauen ließen, als säßen sie in einem Schaufenster.

Meistens stellten sich die Zuschauer schon viele Stunden vorher an, um diese öffentliche Tafel mitzuerleben (selbst wenn sie vom Hochzeitsmahl nichts mitbekamen). Es war immer ein solches Gedränge, daß der Obersthofmeister irgendwann die Türen zusperren ließ. Die Lakaien durften dann niemanden mehr hereinlassen, denn sonst hätten Kaiser und Kaiserin, das Brautpaar und die vielen Gäste keine Luft mehr gekriegt.

Eine ganz besondere Hochzeit war selbstverständlich die des Kronprinzen. Josephs erste Frau Isabella war ja an den Pocken gestorben. Er trauerte immer noch um sie und war einsam und unglücklich. Maria Theresia sah das mit Sorgen und wollte den Thronfolger wieder verheiraten. So suchte sie selbst Josephs zweite Frau aus. Ihre Wahl fiel auf Maria Josepha von Bayern, eine Tochter ihrer josephinischen Tante, die mit dem bayerischen Kurfürsten vermählt war. Es lag ihr viel daran, die inzwischen stattgefundene Aussöhnung mit diesem Familienereignis zu bekräftigen. Joseph konnte seine Braut überhaupt nicht leiden, willigte aber dennoch in die Heirat ein.

Diese traurige Hochzeit des Kronprinzen wurde ein glänzendes Fest. Die Geschwister des Bräutigams hatten ein besonderes Hochzeitsgeschenk: sie übten wochenlang eine neue Oper ein, die der italienische Hofdichter Metastasio gedichtet und Christoph Willibald Gluck komponiert hatte. Das Stück handelte von griechischen Göttern und wurde selbstverständlich in Italienisch gesungen. Erzherzog Leopold war der Dirigent und spielte gleichzeitig Cembalo. Die einst schöne Elisabeth sang die Rolle des Apoll, des schönen Griechengottes. Amalia, Josepha und Karolina spielten und sangen die Rollen der drei Musen. Die drei Kleinsten, der elfjährige Ferdinand, die zehnjährige Maria Antonia und der neunjährige Maximilian, konnten noch nicht so gut singen. Sie tanzten Ballett in einem Schäferstück: Ferdinand und Antonia tanzten das Schäferliebespaar, und der kleine dicke Maximilian trug am Rücken zwei Engelsflügel und tanzte den Liebesgott Amor. Er kam dabei fürchterlich ins

Schwitzen. Die Rolle des Amor ist ja die Hauptrolle bei einer Hochzeit.

Leider halfen alle Bemühungen des kleinen Maximilian als Amor nichts. Die Ehe wurde sehr unglücklich. Denn Joseph konnte seine Isabella nicht vergessen.

Bei der nächsten Hochzeit, der des Erzherzogs Leopold, geschah dann ein großes Unglück: Kaiser Franz I., Maria Theresias geliebter Franzl, starb plötzlich im Alter von nur 56 Jahren an einem Schlaganfall.

Maria Theresia war untröstlich. Sie ließ sich ihre langen Haare abschneiden, verschenkte all ihren Schmuck und ihre schönen Kleider. Von nun an trug sie nur noch Witwentracht: schwarze Gewänder ohne Schmuck, und statt eines prachtvollen Diamantendiadems trug sie die schwarze Witwenhaube. Sie ließ die Wände ihres Schlafzimmers mit dunkelgrauer Seide

beziehen. Die 15 Jahre, die sie nach Franzls Tod noch zu leben hatte, verbrachte sie in großer Frömmigkeit und unermüdlicher Arbeit.

In ihrem Gebetbuch fand man später einen kleinen Zettel:

»*Kaiser Franziskus mein Gemahl hat gelebt 56 Jahre, 8 Monate, 10 Tage. Er ist den 18. August 1765 gestorben halb 10 Uhr abends. Er hat also gelebt Monate 680, Wochen 2958½, Tage 20 778, Stunden 496 992. Mein glücklicher Ehestand war 29 Jahre, 6 Monate, 6 Tage. Um die gleiche Stunde, als ich ihm meine Hand gab, auch an einem Sonntag, ist er mir plötzlich entrissen worden, macht also Jahre 29, Monate 335, Wochen 1540, Tage 10 781, Stunden 258 774.*«

Sie verfügte, daß ebenso viele Gebete für ihn zu sprechen und ebenso viele Almosen an arme Leute zu verteilen seien.

Dann gab sie dem berühmten Bildhauer Balthasar Moll den Auftrag, einen prächtigen Doppelsarg aus Zinn für sich und Franz zu machen. An den Seiten des Sarges waren die großen Augenblicke ihres gemeinsamen Lebens dargestellt, die privaten wie die politischen, die Heirat und die Krönung zur Königin von Ungarn in Preßburg ebenso wie Franzens Krönung zum römisch-deutschen Kaiser in Frankfurt.

Immer wieder kam die Kaiserin in die Kapuzinergruft, um hier am Sarg ihres Franzls zu beten, am selben Sarg, der auch ihr eigener werden sollte.

Joseph folgte seinem Vater als Kaiser Joseph II. Maria Theresia machte ihn außerdem in den österreichischen Erblanden zum Mitregenten.

Die Herrscherin blieb selbstverständlich sie. Sie war

im Lauf der Jahre sehr hart geworden. Manche nannten sie herrisch. Es war nicht sehr leicht, mit ihr auszukommen, besonders nicht für einen Mitregenten. Joseph war nicht so weich und liebenswürdig wie sein Vater. Oft kam es zu Auseinandersetzungen über die Politik. Darunter litten beide, denn Mutter und Sohn liebten einander.

Josephs Liebe zu seiner Mutter zeigte sich, als sie 1767 an den Pocken erkrankte und in Lebensgefahr schwebte, ebenso wie Josephs zweite Frau Josepha und die Erzherzogin Marie Christine. Während seine Frau im Alter von 28 Jahren einsam starb, wachte Joseph am Krankenbett der Mutter, bis die Krise überstanden war. Sie und Marie Christine überlebten die Krankheit. Aber kurze Zeit später wurde auch die sechzehnjährige Maria Josepha krank und starb. Auch sie war Maria Theresias Lieblingstochter gewesen und außerdem Josephs Lieblingsschwester, Braut des späteren Königs von Neapel. Gab es denn gar keine Rettung vor dieser fürchterlichen Krankheit?

Es gab damals schon eine Impfung gegen die Pocken. Aber sie war längst nicht so gut wie unsere Impfungen heute. Die Kinder wurden nach der Impfung schwer krank und mußten acht Wochen in einem Spital bleiben, um niemanden anzustecken.

Aber auch diese schlechte Impfung war immer noch besser, als die Pocken zu bekommen und daran zu sterben. Und so tat Maria Theresia alles, um möglichst viele Kinder impfen zu lassen. Zuerst ließ sie ihre eigenen Kinder impfen, um ein Beispiel zu geben. Dann richtete sie in ihrem Schloß Hetzendorf ein Impfkrankenhaus ein und bestimmte, daß dort »arme und reiche, unadelige und adelige Kinder« Aufnahme finden sollten. Sie selbst kam mehrmals zu Besuch in das Impfspital und brachte den Kindern kleine Geschenke.

Sie wußte, daß arme Leute kein Geld hatten, einen Arzt zu bezahlen. Sie stellte Armenärzte ein, die der Staat bezahlte und die die Leute ohne Geld behandeln mußten.

Wieviel war in diesem riesengroßen Reich zu tun! Da gab es zum Beispiel nur sehr wenige Menschen, die lesen und schreiben konnten. Die Schulen wurden meist von Geistlichen geleitet, und lesen und schreiben sollten vor allem diejenigen Kinder lernen, die später einmal selber Geistliche werden sollten. Das bedeutete, daß Mädchen überhaupt keine Möglichkeiten hatten, etwas Ordentliches zu lernen – wenn nicht ihr Vater reich genug war, um einen Hauslehrer zu bezahlen.

Aber leider gab es nur sehr wenige Väter, die für einen solchen Lehrer Geld hatten. Und es gab sogar einige, die zwar genug Geld hatten, aber nie einen Hauslehrer für ihr Kind bezahlt hätten, und wenn, dann höchstens für die Buben. Denn Mädchen brauchen nicht lesen und schreiben zu lernen. Sie heiraten ja doch und dürfen dann nicht gescheiter sein als ihr Mann, dachten viele.

Maria Theresia war anderer Meinung. Wenn die Mädchen vielleicht manchmal gescheiter waren als ihre Männer, warum sollte das schlimm sein? Sie selbst hatte ja auch viel besser lateinisch und französisch und deutsch geschrieben als ihr Franzl und kannte sich besser in Geschichte aus.

Hatten sie sich deshalb weniger geliebt, der Franzl und die Reserl, weil die Reserl die tüchtigere und die mächtigere war? Nein. Auch die Mädchen hatten zu lernen, ganz dasselbe wie die Buben.

Sie erkundigte sich, wer der beste Fachmann weit und breit sei, der ihr einen Plan für die neuen Schulen aufstellen konnte. Sie war ein wenig verwirrt, als sie hörte, daß der beste Fachmann weit und breit der Augustinerabt Ignaz Felbinger sei. Dieser aber lebte ausgerechnet in Schlesien und arbeitete dort für den »bösen Nachbarn« Friedrich II. an einer Schulreform in Preußen.

Es fiel Maria Theresia schwer, ausgerechnet ihren größten Feind um etwas bitten zu müssen. Aber sie tat es trotzdem: sie schrieb Friedrich II. einen höflichen Brief und bat ihn, ihr doch den Abt Felbinger für kurze Zeit nach Wien zu schicken. Friedrich willigte ein, und Abt Felbinger verfaßte nun auch für die österreichischen Länder eine »Allgemeine Schulordnung«. Im zwölften Abschnitt dieser Schulordnung wurde bestimmt, wer in die neue Grundschule gehen dürfe: »Kinder beiderlei Geschlechts«, hieß es dort, also Buben ebenso wie Mädchen, »deren Eltern keine eigenen Hauslehrer unterhalten wollen und können, gehören ohne Ausnahme in die Schule.«

Diese Bestimmung war eine große Neuerung. Sicherlich – so schnell konnten nicht viele Tausende von Schulen gebaut werden für alle die vielen Kinder, die lesen und schreiben lernen sollten. Es gab auch gar nicht so viele Lehrer und schon gar nicht so viele Schulbücher.

Also wurde die Lehrerausbildung verbessert und ein eigener Schulbuchverlag in Wien gegründet, der die neuen Schulbücher drucken mußte. Und zwar Schulbücher in allen Sprachen, die damals in den Ländern Maria Theresias gesprochen wurden: Deutsch, Italienisch, Tschechisch, Polnisch, Ruthenisch, Slowenisch, Kroatisch, Serbisch, Ungarisch und Rumänisch.

Und was war mit den vielen armen Leuten, die diese Schulbücher, auch wenn sie noch so billig waren, nicht kaufen konnten? Maria Theresia bestimmte jedes vierte Schulbuch als »Armenbuch«. Es wurde kostenlos abgegeben.

In der Schulordnung stand außerdem die Bitte an die Eltern, ihre Kinder vom sechsten bis zum zwölften Lebensjahr in der Schule zu lassen. Diese Bitte war deshalb so wichtig, weil es noch viele Eltern gab, die den Kindern das Lernen nicht erlaubten. Sie wollten die Kinder für die Feldarbeit behalten oder zum Schweinehüten.

Maria Theresia sah bald ein, daß nicht nur die Kinder, sondern auch die Eltern der Kinder durch die neue Schulordnung lernen mußten. Und daß sie nicht nur die Grundschulen, sondern auch die höheren Schulen und die Universitäten verändern mußte, war auch klar.

Um zu wissen, wie viele Menschen in ihren Ländern lebten, ließ die Herrscherin eine Volkszählung machen. Sie sandte Geographen bis in den letzten Winkel ihres Reiches und ließ ihre Länder zum erstenmal genau vermessen. In die nach den Türkenkriegen menschenleeren Gebiete im Osten schickte sie Siedler aus Schwaben, aus der Pfalz und aus dem Elsaß.

Die Siedler erhielten Baugrund für ihr kleines neues Haus, Bauholz und Schilfrohr zum Dachdecken, Wiesen und Ackerland, Saatgut und Tiere, jeder zwei Zugpferde oder Zugochsen, eine Kuh mit einem Kälbchen, ein Zuchtschwein und drei Schafe. Außerdem Wagen, Pflug, Werkzeug und Geschirr. Es waren die Ärmsten der Armen, die vom Westen Deutschlands quer durch die österreichischen Länder bis an die Ostgrenze Ungarns zogen und dort beispielsweise in drei Jahren 1149 kleine Häuser bauten. Sie zogen ihr Vieh auf, bestellten das Land, bekamen Kinder.

Die Kaiserin ließ in jedem der neuen Dörfer eine kleine Kirche bauen und eine Schule, ein Pfarrhaus, ein Wirtshaus, ein kleines Spital und sogar eine Brauerei, damit auch genug Bier für die Siedler da war.

So blühte nach den Kriegen und den vielen Seuchenkrankheiten und Hungersnöten das Land langsam wieder auf. Und die Siedler wie die Bauern wußten, daß es die Kaiserin in Wien mit ihnen gut meinte.

Maria Theresias großes Ziel nach dem Ende des Siebenjährigen Krieges war die Erhaltung des Friedens. Kein Opfer war ihr für dieses Ziel zu groß. Auch nicht das Glück ihrer eigenen Kinder. Sie selbst hatte mit großer Hartnäckigkeit die Heirat mit ihrem Franzl durchgesetzt, obwohl diese Wahl damals für die österreichische Politik ungünstig war. Ihre eigenen Kinder aber mußten, auch gegen den eigenen Wunsch, den heiraten, der für die österreichische Politik wichtig war. So waren vier Kinder der Kaiserin mit Kindern der spanischen Bourbonen verheiratet, also den ehemaligen Feinden, die nun Freunde werden sollten. Das waren Maria Karoline (die Königin von Neapel-Sizilien wurde), Maria Amalia (sie wurde Herzogin von Parma), Joseph in erster Ehe (denn seine geliebte Isabella stammte ebenfalls von den Bourbonen ab) und Leopold.

Josephs zweite Ehe hatte die Versöhnung mit den »josephinischen Töchtern« bringen sollen, denn Maria Josepha war eine Tochter der jüngeren josephinischen Tochter. Und Marie Christine heiratete schließlich den Sohn der älteren josephinischen Tochter.

Das wichtigste aber war die Aussöhnung mit dem großen österreichischen Erzfeind der Vergangenheit: mit Frankreich. Die ersten Heiratspläne betrafen die einstmals schöne Elisabeth, die nun durch Pockennarben verunstaltet war. Sie sollte mit dem um 33 Jahre älteren verwitweten König Ludwig XV. von Frankreich verheiratet werden. Diese Heirat kam nicht zustande (zum Glück für Elisabeth, die dann in ein Kloster ging). Aber die jüngste, Maria Antonia, mußte mit 14 Jahren den französischen Thronfolger (den späteren König Ludwig XVI.) heiraten.

Es stimmt wohl, was Maria Theresia 1771 ihrem Sohn und Nachfolger Joseph II. schrieb: »Gott allein, der das Innerste meiner Seele sieht, weiß, daß ich nur das öffentliche Wohl im Auge habe, selbst wenn es auf Kosten meines und Euer aller Wohl ginge.«

Maria Theresias Kinder befolgten die Anweisungen der Mutter im allgemeinen, ohne zu klagen. Eine der Töchter aber, Maria Amalia, war zeitlebens bitterböse auf ihre kaiserliche Mutter. Sie konnte ihr nicht vergessen, daß sie ihr die Ehe mit einem geliebten Prinzen verboten hatte und ihr statt dessen den Herzog von Parma als Ehemann aufgezwungen hatte. Maria Amalia wurde tief unglücklich und unzufrieden.

Maria Theresia verstand nicht, daß ihre Tochter so unbescheiden war, persönliches Glück zu verlangen. Eine Prinzessin mußte sich für Politik opfern. Die Kaiserin dachte gar nicht mehr daran, daß sie selbst sehr wohl ihr persönliches Glück durchgesetzt hatte – und zwar mit ihrem Franzl.

Durch die politischen Heiraten von Maria Theresias Kindern wurde wirklich manche alte Feindschaft zwischen den Ländern zu Freundschaften. Aber die Kaiserkinder waren nur zu oft Opfer der Politik – also genau das, was die junge Maria Theresia nie und nimmer werden wollte.

Allmählich machten sich auch wieder Sorgen wegen der Erbfolge breit. Sicherlich – es gab jetzt einige Erzherzöge, die nach dem Tod ihrer Mutter die Herrschaft übernehmen konnten: zunächst Joseph II., der ja schon Kaiser war. Er hatte aber aus zwei Ehen keinen Sohn und weigerte sich strikt, ein drittes Mal zu heiraten.

Maria Theresias zweiter Sohn, Karl, war mit 16 Jahren gestorben. Ihm folgte Leopold, der in der Toskana regierte. Er war verheiratet, hatte aber bisher nur eine Tochter. Ferdinand war noch unverheiratet. Und der jüngste, Maximilian, sollte Geistlicher werden.

Also wieder kein Bub? Sollte sich all der Ärger mit den habgierigen Nachbarn bei ihren Enkeln wiederholen? fragte sich Maria Theresia voller Sorgen.

Endlich, endlich kam aus der Hauptstadt der Toskana, aus Florenz, die lang ersehnte Nachricht: Leopolds Frau hatte einen Buben. Maria Theresia wußte sich vor Freude nicht zu fassen. So, wie sie gerade angezogen war (die einen behaupten, sie hätte einen Morgenmantel angehabt, die anderen sagen, es sei ein Frisiermantel gewesen, wieder andere meinen, es war ein Hauskleid – jedenfalls war ihr Gewand nicht sehr kaiserlich), machte sie sich auf, lief an allen Lakaien und kaiserlichen Türhütern vorbei, mit der Depesche aus Florenz in der Hand und lief geradewegs ins kaiserliche Hofburgtheater, das damals noch ein Teil der Hofburg war.

Dort wurde gerade ein rührseliges Stück mit Namen »Clementine« gespielt. Mitten hinein platzte da im Dunkeln die Kaiserin und rief vom Balkon ihrer Hofloge in den Zuschauerraum: »Kinder, Kinder, der Poldl hat an Buam!«

Die Theaterbesucher schreckten aus ihrer Rührung über Clementine auf, und als sie sahen, daß die Kaiserin höchstpersönlich in der Loge stand und freudestrahlend die Depesche mit der guten Nachricht in der Hand hielt, standen sie alle auf und riefen der stolzen Großmutter ihre Gratulation zu. *S. 125

Es kamen dann noch viele andere Enkelbuben und Enkelmädchen auf die Welt. Die Thronfolge war also gesichert. Jedes Kind der Kaiserin nannte das erstgeborene Mädchen nach der Großmutter. So gab es sieben Enkelinnen der Kaiserin, die Maria Theresia hießen. Sieben kleine Maria Theresias.

Aber die Kaiserin selbst wurde immer einsamer. Ein Kind nach dem anderen verließ das Kaiserschloß, heiratete und hatte selbst Kinder. Nach dem geliebten Franzl starben ihre alten Minister, ihr treuer Arzt van Swieten, ihre Generäle aus dem Erbfolgekrieg und dem Siebenjährigen Krieg, einer nach dem anderen. Maria Theresia erlaubte sich kein Vergnügen mehr. Sie arbeitete nur noch. Manche Nacht brannte in Schönbrunn nur ein einziges Licht in einem einzigen Zimmer: das am Schreibtisch der Kaiserin. Mit der Kaiserin blieb ein Lakai wach. Er mußte ungefähr jede Stunde, wenn das Licht heruntergebrannt war, ein neues aufstecken und anzünden.

Die Arbeit der alten Kaiserin hatte Erfolg, die viele Menschen freute: die Leibeigenschaft der Bauern wurde aufgehoben, ein gemeinsames Werk Maria Theresias und ihres Sohnes Joseph. Bis dahin waren die Bauern durch Jahrhunderte von den Grundherren wie Sklaven gehalten worden. Sie mußten für geringen Lohn arbeiten und alles tun, was der Grundherr befahl. Oft mußten sie sich sogar von ihrem Herrn auspeitschen lassen und konnten sich nirgendwo darüber beschweren. Denn der Grundherr war auch der Richter der Bauern und konnte mit ihnen tun, was er wollte. Dieser unwürdige Zustand hatte nun ein Ende. Nun gab es neue Gesetze, die die Arbeitszeit der Bauern regelten und ihnen auch die Möglichkeit gaben, sich über ungerechte Behandlung des Grundherrn zu beschweren.

Auch die Hexenprozesse wurden verboten. Keine Frau durfte mehr als Hexe auf dem Scheiterhaufen verbrannt werden. Solche Grausamkeiten und solchen Aberglauben wollte die Kaiserin nicht mehr dulden.

Dann schaffte Maria Theresia die Folter ab. Folterkammern, wie sie noch heute in alten Burgen gezeigt werden, waren bis in Maria Theresias Lebenszeit in Gebrauch. Oft wurden völlig Unschuldige so lange mit glühenden Eisen, Daumenschrauben und vielen anderen schauerlichen Instrumenten gequält, bis sie in ihrer Verzweiflung eine Schuld eingestanden, die sie nie begangen hatten: sie konnten nur die Folter nicht länger ertragen. Diese Grausamkeiten hatten ein Ende. Es gab jetzt ordentliche Gerichte, die Folterkammern blieben geschlossen und die Folterinstrumente verrosteten.

Selbstverständlich arbeitete Maria Theresia an all diesen neuen Gesetzen nicht allein. Ihr Sohn Joseph arbeitete mit und viele tüchtige Männer.

Reisen machte die Kaiserin nie mehr. Die höfischen Reisen in prunkvollen Kutschen mit einem großen prächtigen Gefolge und vielen Dienern waren ihr nicht nur zu mühsam, sondern auch viel zu teuer. Freilich hatte diese Sparsamkeit zur Folge, daß Maria Theresia ihre Länder und Königreiche nur noch aus den Akten kannte und nicht aus eigenem Erleben. Und die Leute kannten ihre Kaiserin-Königin auch immer weniger, eigentlich nur noch aus Verordnungen, aus Erzählungen, von ihrem Bild auf dem »Maria-Theresien-Taler«

und von den Bildern in den Amtsstuben. Es schien geradezu, als habe sich die Kaiserin in der Hofburg und in Schönbrunn vor allen Leuten versteckt.

Auch Kaiser Joseph verabscheute die prunkvollen

Hofreisen. Aber er blieb deshalb nicht in Wien sitzen wie seine Mutter, sondern reiste inkognito, unter einem anderen Namen, meist als Graf von Falkenstein, ganz unauffällig gekleidet und wie ein ganz normaler Privatmann. Er wollte das Leben der Menschen außerhalb des Hofes kennenlernen, auch das Leben der Armen und das Leben der Bauern. Von der Mutter hatte er gelernt, daß ein Herrscher für seine Völker arbeiten müsse. Und dies wollte er auch tun, noch weit mehr als Maria Theresia. Er blieb auf vielen Reisen unerkannt. Kaum jemand wußte, wer sich da unter dem Namen eines Grafen von Falkenstein verbarg.

Während ihr Sohn Joseph seine weiten Reisen machte und auch seine Geschwister im Ausland besuchte, verbrachte die Kaiserin viele Stunden wöchentlich mit Briefeschreiben. Nicht nur an fremde Fürsten und Minister schrieb sie, sondern vor allem an ihre Kinder, von denen fünf weit weg von Wien wohnten: Leopold in Florenz, Ferdinand in Mailand, Maria Karoline in Neapel, Maria Amalia in Parma und Maria Antonia am französischen Königshof, in Versailles. Maria Theresia gab ihnen viele gute Ratschläge, viele Ermahnungen. Sie tadelte sie und lobte sie, so, wie es gerade nötig war. Die Kinder – die ja inzwischen längst erwachsen und selbst Könige und Fürsten waren – stöhnten oft über die langen Briefe der Mutter. Sie mischte sich doch wirklich in alles ein!

Vor allem Königin Marie Antoinette von Frankreich, die einstige Erzherzogin Maria Antonia, mußte immer und immer wieder ermahnt werden. Die Mutter meinte, daß sich Marie Antoinette allzusehr den Vergnügungen hingab und zuwenig arbeitete. Sie tanzte ganze Nächte durch und spielte Karten. Und warum mußte sie unbedingt solche Mengen Schmuck kaufen!

Marie Antoinette aber, die eine sehr junge und unerfahrene Königin war, meinte, daß es doch nicht schlimm sein könnte, Geld auszugeben, wenn man genug davon besaß. Sie verstand die strenge Mutter nicht und ärgerte sich über die ständigen Tadel. Die Mutter kritisierte ja sogar, daß sie, die Königin von Frankreich, sich die Zähne nicht gründlich geputzt habe!

Maria Theresia war nämlich durch die österreichischen Diplomaten in Frankreich über alle Einzelheiten am französischen Königshof informiert. Man konnte ihr nichts vormachen. Sie tadelte auch Marie Antoinettes Frisur, von der selbst die Zeitungen in Österreich staunend berichteten. Denn dieser Kopfputz der Königin von Frankreich war 36 Zoll hoch (also mehr als ein Meter!). Das bedeutete, daß die Haare in vielstündiger Arbeit mit kostbaren Federn und Bändern und unsichtbaren Stäbchen hochgebunden waren zu einem richtigen Haarturm, mit dem die zierliche Königin bei Hoffesten Aufsehen erregte. »Diese Torheiten«, schimpfte Maria Theresia und: »Eine Fürstin muß in allem, was sie tut, geachtet werden können. Sie darf nicht zur Zierpuppe werden. Man beobachtet alles, was wir Fürsten tun und wie wir uns zeigen. Paß besser auf!«

Und immer wieder schrieb die kaiserliche Mutter der königlichen Tochter den Satz: »Wir leben in dieser Welt, um anderen Gutes zu tun. Wir sind nicht für uns selbst da und für unsere Vergnügungen.«

»Ich will Dich vor dem Abgrund erretten, in den Du

Dich stürzt«, schrieb die Mutter besorgt. Marie Antoinette kümmerte sich nicht um die Ermahnungen und lebte weiter ihr übermütiges Leben in Vergnügungen und Luxus, während das Volk in Frankreich hungerte und viele Kinder an Hunger starben.

Einmal sammelten sich zerlumpte Frauen mit ihren weinenden Kindern vor dem königlichen Schloß, um ihre Königin um Hilfe in der Not zu bitten. »Wir haben kein Brot!« jammerten sie.

Marie Antoinette stand auf dem Schloßbalkon und hörte sie an. Dann sagte sie zu ihrer Hofdame: »Ich weiß nicht, was die Leute wollen. Warum essen sie keinen Kuchen, wenn sie kein Brot haben?«

Und dieser Satz war noch nicht einmal böse gemeint. Die junge Königin war ahnungslos über die Not ihrer Untertanen. Wen wunderte es da, daß Marie Antoinette in ihrem Königreich alles andere als beliebt war?

Das Ende der Königin Marie Antoinette war schrecklich: In der Französischen Revolution wurde sie mit ihrem Mann und den beiden Kindern gefangengenommen und schließlich enthauptet. Erst zum Schluß, als es zu spät war und sie im Gefängnis auf ihre Hinrichtung wartete, wurde aus der leichtsinnigen hübschen Königin eine starke, mutige Frau, eine wahre Tochter ihrer Mutter.

Maria Theresia mußte dieses Ende ihrer »kleinen Königin« nicht miterleben, weil sie zu dieser Zeit schon tot war. Aber sie sah das Unglück kommen und machte sich jahrelang große Sorgen um ihre jüngste Tochter.

Selbstverständlich erhielten auch alle anderen Kinder mahnende Briefe von der Mutter. Sie mahnte und mahnte, rügte wichtige Dinge und Kleinigkeiten, wie es gerade nötig war. Als der siebzehnjährige Max seine erste große Auslandsreise machte, das nannte man damals die »Kavalierstour«, bekam er ein dickes Schriftstück auf den Weg mit Ratschlägen und Mahnungen, die er immer wieder lesen sollte: »Wenigstens einmal während des Jahres, sei es in den Fasten, im Advent und zu Ostern, sei es am Geburtstag Deines Vaters oder dem meinigen.«

Der Sohn solle ein guter Christ sein und ein guter Soldat. Vor allem aber solle er sich vor Frauen hüten. Denn schließlich sollte er in einen geistlichen Orden eintreten. Die Mutter rügte, Max sei oft lässig und bequem, er lasse sich oft Sätze wiederholen und passe nicht auf, er sei vergeßlich und gebe oft verkehrte Antworten, »die Dich häufig als Dummkopf erscheinen lassen«. Er dürfe zwar Karten spielen, aber ja keine Glücksspiele mitmachen. So geht es über viele Seiten.

Ferdinand hatte wiederum zu lockere Sitten, ging er doch, nur von einem Kammerherrn begleitet, durch Mailand spazieren. »Wie ein Gassenbub!« schimpfte die Kaiserin. »Was für ein Auftreten für meinen Statthalter!«

Die meisten Sorgen machte Joseph, der Kaiser. Seit dem Tod seiner ersten Frau und seines einziges Kindes war er einsam und unglücklich. Er war oft spöttisch, ja bissig und boshaft, weil er so unglücklich war. »Wie sehr fürchte ich, daß Du nie Freunde finden wirst«, schrieb ihm die Mutter besorgt. »Hüte Dich wohl davor, an der Bosheit Gefallen zu finden!« Es gefiel ihr gar nicht, wie sehr Joseph sich ein Beispiel an Friedrich von Preußen, ihrem alten Feind, nahm und wie sehr er gerade ihn, den »bösen Nachbarn«, nachahmte.

Elisabeth wieder war zu eitel, Maria Amalia zu hoffärtig und überheblich, und so ging es weiter mit den vielen Kindern, um die sich Maria Theresia sorgte.

Und immer wieder sorgte sie sich auch um einzelne Untertanen, die in Not waren, so zum Beispiel um die Riesin Theresia Planer. Die Planer war sieben Schuh *S. 126 groß. Die Leute lachten über sie, und die Kinder staunten sie an. Da die Riesin arm und traurig war und keinen Beruf hatte, zog sie mit ihrem alten Vater über die Jahrmärkte, zeigte ihre Größe und Traurigkeit und hoffte darauf, daß der eine oder andere Schaulustige ihr eine Münze zuwarf. Von diesem Geld mußten sie und ihr alter Vater leben. Der Vater war kein Riese, sondern normal groß, aber er hatte einen ganz krummen Rücken vor Sorgen und Kummer und Armut. Als die Kaiserin von der Riesin hörte, hatte sie großes Mitleid. Sie fand es menschenunwürdig, daß sich Theresia Planer für Geld zur Schau stellte. Sie gab ihr 140 Gulden unter der Bedingung, daß sie sich nicht mehr ausstellen ließ. 140 Gulden waren ziemlich viel Geld, so viel, wie ein hochbezahlter Koch der kaiserlichen Hofküche in dreieinhalb Jahren verdiente. Theresia Planer und ihr alter Vater konnten mit dem Geld zufrieden leben. Nie mehr in ihrem Leben besuchten sie einen Jahrmarkt.

Die Geschichte von der Riesin Theresia Planer ist nur ein Beispiel für viele andere. Tag für Tag zeigte die Kaiserin, daß sie nicht nur für die große Politik ihres

Reiches zuständig war, sondern vor allem auch für einzelne Menschen ihres Reiches, die ihre Hilfe brauchten und bekamen.

Aber bei all ihrer Wohltätigkeit wurde die Kaiserin im Alter auch sehr sittenstreng. So konnte sie zum Beispiel keine Schminke und kein Parfum leiden. Keine ihrer Hofdamen und auch keine der kaiserlichen Töchter durfte Lippenstift oder Puder benützen. Wenn sie einmal besonders schön sein wollten, mußten sich die Damen in die Wangen kneifen, damit sie ein wenig Farbe ins Gesicht bekamen. Wenn ihr aber eine Dame allzu lebenslustig erschien, schickte die Kaiserin sie in ein Kloster. Dort sollte sie ihre Sünden abbüßen!

Längst war der Wiener Kaiserhof kein lustiger Kaiserhof mehr wie zur Zeit von Maria Theresias Jugendjahren. Die Kaiserin sparte, wo immer sie konnte, an Vergnügungen, sogar an der Musik, die sie früher über alles geliebt hatte. Es gab nun viel weniger Opernaufführungen im Schönbrunner Schloßtheater, von Maskenbällen im Fasching ganz zu schweigen. Und Sänger und Komponisten und Musiker hatten viel weniger Geld.

Sogar Mozart, der einstige Liebling der Kaiserin, bekam diese Sparsamkeit zu fühlen. Er war inzwischen ein weltberühmter Komponist geworden. Aber Geld hatte er wenig. Und er brauchte unbedingt eine gutbezahlte Stelle als Hofmusiker, um seine Frau und seine Kinder durchzubringen. Diese Stelle suchte er bei Maria Theresias Sohn Ferdinand in Mailand. Maria Theresia mischte sich auch diesmal in die Angelegenheit ihres Sohnes ein und riet ihm energisch ab, »den jungen Salzburger«, also Mozart, in Mailand als Hofmusiker und Komponist anzustellen. Sie nannte gar die Komponisten »unnütze Leute«, und man solle sich nicht mit ihnen, ebensowenig wie mit Theaterleuten, belasten. Mozart bekam die Stelle nicht und war darüber sehr enttäuscht.

Wenn die Kaiserin nicht arbeitete, dann betete sie. Immer wieder erforschte sie ihr Gewissen, ob sie in ihrem Leben richtig gehandelt hatte, ob sie eine gute Herrscherin für ihre Völker war. Aber auch in ihrer Frömmigkeit war sie nun viel strenger als früher – ja, allzu streng.

Sie liebte die katholische Kirche und lehnte nun alles, was nicht katholisch war, energisch ab. Darunter litten zum Beispiel die Protestanten und Juden in ihren Ländern.

Die Geschichte der Kaiserin Maria Theresia ist keine Heiligengeschichte. Maria Theresia hatte keineswegs nur gute Seiten. Sie hatte auch Fehler wie jeder andere Mensch. Das schlimme bei Kaisern und Königen ist nur (wie übrigens heute bei allen jenen Staatsmännern, die sehr viel zu sagen haben), daß diese Fehler nicht nur für sie selbst wichtig sind, sondern auch für das Schicksal vieler Menschen, die abhängig sind von den Mächtigen. Juden und Protestanten hatten jedenfalls keinen Grund, Maria Theresia als gütige Herrscherin zu verehren. Ihren Wahlspruch »Durch Gerechtigkeit und Milde« wandte sie hauptsächlich bei Katholiken an.

Kaiser Joseph bemühte sich nach Kräften, sich für die Minderberechtigten einzusetzen. Doch Maria Theresia blieb – wenn es sich um Nichtkatholiken handelte – hart und abweisend. Und das nicht aus menschlichen Gründen, sondern weil sie meinte, daß sie das ihrem Glauben schuldig sei. Über dieses Thema gab es viel Streit zwischen Mutter und Sohn.

Vor lauter Arbeit kam Maria Theresia überhaupt nicht mehr an die frische Luft. Sie war dick und schwerfällig geworden, ihre Beine schmerzten. Um wenigstens ein bißchen Luft zu schöpfen, ließ sie ihre Fenster im Winter wie im Sommer weit offenstehen. So konnte sie die Vögel zwitschern hören, die Baumwipfel sehen und die frische Luft einatmen. Nicht selten blies der Wind Schnee auf ihre Akten und auf ihre Briefe. Aber was machte das schon! Sie brauchte frische Luft!

Wenn Joseph II. im Winter zu Besprechungen zu seiner Mutter kam, zog er sich einen Pelzmantel an und setzte sich einen Pelzhut auf den Kopf. Aber sie dachte nicht daran, für ihren Sohn die Fenster zu schließen. Frische Luft ist gesund, meinte sie. Und Joseph solle nicht so empfindlich sein, meinte sie und lächelte über seinen Pelzhut.

Nur wenn Fürst Kaunitz angesagt war, ließ sie die Fenster schließen. Ja, sie ließ für ihn sogar eigens einheizen, so daß ihr selbst der Schweiß über die Stirn floß. Kaunitz war der wichtigste ihrer Minister. Der Minister, in den sie das meiste Vertrauen hatte. Er war sehr empfindlich, der gute Kaunitz, und um seine Gesundheit besorgt. Also mußte sie großzügig sein. Und Kaiser Joseph ärgerte sich, weil er schlechter behandelt wurde als der Minister.

Er war auch sehr eifersüchtig auf seine drei Schwestern, die viel häufiger bei der Mutter saßen als er und viel mehr Einfluß auf sie hatten. Das waren Marie Christine, die gelehrte Marianne und die einstmals schöne Elisabeth. »Weiberwirtschaft«, schimpfte Joseph und wurde immer verbitterter.

Als Maria Theresia schon alt und müde war und ihr Sohn Joseph jung und ehrgeizig, gab es wieder einen Erbfolgekrieg. Diesmal den Bayrischen Erbfolgekrieg. Joseph wollte nicht mehr und nicht weniger für sich haben als ganz Bayern, kurz nachdem er in der »Ersten Polnischen Teilung« schon Teile des machtlosen Polen seinem Reich einverleibt hatte.

Da wurde Maria Theresia zornig: Krieg führen, nur um Gewinn zu machen und einen Schwachen zu berauben, das war Unrecht.

»Was für ein abscheuliches Gewerbe ist doch der Krieg, gegen die Menschlichkeit und gegen das Glück«, schimpfte sie nun gegen ihren Sohn Joseph ganz ähnlich wie einst gegen ihren Feind Friedrich von Preußen. Und ohne daß Joseph es wußte, führte sie Friedensverhandlungen mit Preußen nach dem Grundsatz: »Besser ein mittelmäßiger Frieden als ein glorreicher Krieg.« Wenn Bayern ihr auch einst ihr Kaiser- und Königreich hatte fortnehmen wollen, so mußte sie noch längst nicht das gleiche mit Bayern machen. Die Menschen brauchten Frieden dringender als Krieg um ein fremdes Land.

Die Kaiserin hatte mit ihrer Friedensvermittlung Erfolg. Der Krieg war bald zu Ende. Die Leute, die ganz andere, blutigere Kriege gewohnt waren, spotteten ein wenig über diesen lächerlich kurzen Krieg: sie nannten ihn verächtlich den »Kartoffelkrieg«, manche auch den »Zwetschkenrummel«, weil die Soldaten kaum zum Kämpfen kamen. Sie beschäftigten sich in diesem Krieg hauptsächlich damit, zu marschieren, die Kartoffeln von den Feldern zu holen und die reifen Zwetschken von den Bäumen zu pflücken und aufzuessen, so daß den Kindern kaum mehr Zwetschken übrigblieben. Aber was war das schon gegen all das Leid, das die anderen Kriege gebracht hatten!

Maria Theresia wurde müde. Ihre Kräfte und ihr Lebensmut schwanden. Häufiger denn je ließ sie sich in die Kapuzinergruft bringen, um an Franzls Sarg zu beten. Weil ihr das Gehen und vor allem der Abstieg in die Gruft über die dunkle enge Stiege so schwerfiel, ließ sie einen Aufzug einbauen: Mit starken Seilen wurde sie auf ihrem Lehnsessel in die Gruft herabgelassen und wieder hinaufgezogen. Einmal – es war Anfang November 1780 – riß das Seil, und der Lehnsessel mit der Kaiserin blieb in der dunklen Gruft stehen.

»Ach«, sagte die müde alte Kaiserin, »die Gruft will mich gar nicht mehr herausgeben.« Mit großer Mühe schleppte sie sich über die enge Stiege ins Freie und sagte: »Ich merke, meine Lieben, daß ich bald auf immer hier werde zurückbleiben müssen.«

Und wirklich, vier Wochen später starb sie, am 29. November 1780. Sie war 63 Jahre alt geworden und hatte 40 Jahre lang regiert, als »allgemeine und erste Mutter«, wie sie sagte.

Der Dichter Matthias Claudius schrieb ihr zum Abschied ein schönes Gedicht:

Sie machte Frieden! Das ist mein Gedicht,
War ihres Volkes Lust und ihres Volkes Segen
Und ging getrost und voller Zuversicht
Dem Tod als ihrem Freund entgegen.
Ein Welteroberer kann das nicht.
Sie machte Frieden! Das ist mein Gedicht.

Friedrich von Preußen, auch er war inzwischen alt und müde, schrieb über seine frühere Gegnerin als höchstes Lob: »Sie hat ihrem Thron und ihrem Geschlecht Ehre gemacht.« Ein anderer Ausspruch von ihm: »Endlich haben die Habsburger einmal einen richtigen Mann an der Regierung, und dann ist dieser eine Frau.«

Zehn Kinder überlebten ihre Mutter Maria Theresia. Zwei Söhne wurden römisch-deutsche Kaiser: Joseph II. und nach seinem Tod Leopold II. Ihr Sohn Ferdinand wurde Herrscher des italienischen Herzogtums Modena. Und ihr Jüngster, Maximilian, wurde

Fürsterzbischof von Köln und Münster. Er war und blieb das dickste und langsamste von Maria Theresias Kindern, regierte seine Erzbistümer aber geschickt und führte Reformen ein, ganz wie seine Mutter und wie seine älteren Brüder Joseph und Leopold.

Das traurige Ende der Königin Marie Antoinette wurde schon beschrieben. Die einstmals »träge Prinzessin« Maria Amalia blieb Herzogin von Parma und war bis zum Schluß auf ihre Mutter böse. Die tüchtigste der »italienischen« Töchter war Maria Karoline, die Königin von Neapel, die eine gute Politikerin war.

Die »Weiberwirtschaft« seiner drei Wiener Schwestern beendete Kaiser Joseph sofort nach Maria Theresias Tod: die gelehrte Marianne wurde Äbtissin in Klagenfurt, und die einstmals schöne Elisabeth wurde Äbtissin in Innsbruck. Im Kloster bekam Elisabeth zu ihren häßlichen Pockennarben auch noch einen Kropf am Hals. Die Leute nannten sie nun nicht mehr wie einst »die schöne Elisabeth«, sondern nur noch »die kropferte Lisl«. Marie Christine wurde mit ihrem Mann Albert als Statthalter nach Belgien geschickt.

Maria Theresia war und blieb die einzige Frau auf dem Habsburgerthron. Die Schulkinder, die Geschichte lernen, haben es mit ihr leicht. Es gibt keine Maria Theresia die Zweite oder die Fünfte oder die Dritte. Es gibt nur eine einzige Maria Theresia. Man kann sie nicht verwechseln.

Ihre Regierung war und blieb eine der besten, die die österreichischen Länder je hatten. Tatkräftig bewies sie, daß Frauen ebensogut arbeiten wie Männer, als Lehrer und Ärzte und Tischler und Goldschmiede ebenso wie als Kaiser.

Und wenn jemand behauptet: »Das kann ein Mädchen nicht«, was es auch immer sei, was gekonnt werden muß, dann erzählt ihm die Geschichte der Kaiserin Maria Theresia. Sie war auch »nur ein Mädchen«.

Anhang

Die Kinder Maria Theresias und Franz Stephans:

1. Maria Elisabeth, geb. 1737, gestorben im Alter von 3 Jahren
2. Maria Anna (»Marianne«), 1738–1789, Äbtissin in Prag, später in Klagenfurt
3. Marie Karoline, geb. 1740, gestorben nach 14 Tagen
4. Joseph II., 1741–1790, römisch-deutscher Kaiser seit 1765, Herrscher in den österreichischen Erblanden 1780 bis 1790
5. Marie Christine, 1742–1798, verheiratet mit Herzog Albert von Sachsen-Teschen, Generalgouverneur der österreichischen Niederlande
6. Maria *Elisabeth*, 1743–1808, Äbtissin in Innsbruck
7. *Karl* Joseph, 1745–1761, gestorben an den Blattern
8. Maria *Amalia*, 1746–1804, Herzogin von Parma
9. Peter *Leopold*, 1747–1792, regierte als Großherzog von Toskana von 1765 bis 1790, wurde dann nach dem Tod Josephs II. römisch-deutscher Kaiser und Herrscher der Erblande
10. Maria Karolina, geb. 1748, gestorben am Tag der Geburt
11. Johanna, 1750–1762, gestorben an den Blattern
12. Josepha, 1751–1767, gestorben an den Blattern
13. Maria Karoline, 1752–1814, Königin von Neapel-Sizilien

14. Ferdinand, 1754-1806, Gouverneur der Lombardei, Herzog von Modena
15. Maria Antonia (Marie Antoinette), 1755–1793, Königin von Frankreich, wurde während der Französischen Revolution guillotiniert
16. Maximilian (»Max Franz«), 1756–1801, Fürsterzbischof von Köln und Münster, Gründer der Universität Bonn

Anmerkungen

Seite 5: Wenn ihr einmal in Wien seid, geht doch in das Naturhistorische Museum und fragt dort nach »Maria Theresias Hund«. Die Rasse der »Papillons« oder der »Bologneser Hündchen« ist zwar längst ausgestorben. Aber eines dieser weichen niedlichen Schoßhündchen wurde vor 200 Jahren ausgestopft und ist im Museum zu besichtigen. Wenn ihr aber schon einmal beim Naturhistorischen Museum seid, dann geht auch um das Maria-Theresien-Denkmal herum, das auf dem Platz vor dem Museum steht.

Seite 8: Zum besseren Verständnis hier ein Stammbaum:

Maria Theresias Großvater war Kaiser *Leopold I.*, der 1705 starb. Er hatte zwei Söhne:

1. Kaiser *Joseph I.* Er starb 1711. Seine Witwe Kaiserin Amalia (das war die mit dem Schlaftrunk) lebte bis 1742.
2. Kaiser *Karl VI.*, Maria Theresias Vater. Er starb 1740.

Dann hatte Leopold noch viele Töchter. Drei von diesen »leopoldinischen Töchtern« lebten noch zu Maria Theresias Zeit. Sie waren Maria Theresias Tanten.

Maria Theresias Onkel Kaiser *Joseph I.* hatte zwei Töchter:

die ältere »josephinische« Tochter war *Maria Josepha*, verheiratet mit dem Kurfürsten von Sachsen;

die jüngere »josephinische« Tochter war *Maria Ama-*

lia, verheiratet mit dem Kurfürsten von Bayern, der Kaiser Karl VII. wurde.

Seite 11: »Leopoldi« ist das Fest des heiligen Leopold am 15. November. Es wird noch heute in Klosterneuburg jährlich gefeiert. Die »Kaiserzimmer« sind dort noch zu besichtigen, wo Karl VI. mit seiner Familie übernachtete.

Seite 16: Nach dem Tod des letzten Böhmischen Königs war Ferdinand I., ein Urahn von Maria Theresia, 1526 in Prag zum König gekrönt worden. Seitdem gehörte Böhmen zur Donaumonarchie.

Seite 19: Herzog Karl V. von Lothringen war Oberkommandierender des kaiserlichen Heeres bei der Verteidigung Wiens gegen die Türken 1683.

Seite 25: Kaiser Karl VI. hatte Spanien sehr gern gehabt und trauerte lange, daß er nicht in Barcelona oder Madrid, sondern in Wien regieren mußte. Er sprach auch in Wien noch gerne spanisch und hatte viele spanische Freunde. Er trug die düstere spanische Hoftracht und verlangte auch von seinen Höflingen, daß sie sich wie vornehme Spanier benahmen. Die Wiener Theater mußten spanische Stücke spielen, und die Pferde in der Hofreitschule tanzten nach spanischer Dressur.
Viele ärgerten sich über die fremden Sitten aus Spanien, besonders dann, wenn sie kein Spanisch verstanden. Und selbst die Schneider und Schuster kannten sich mit der spanischen Mode oft nicht aus und sagten

immer wieder verdrießlich den Satz: »Das kommt mir spanisch vor.« Diese Redensart wurde so oft gebraucht, daß sie sich bis heute erhalten hat, wenn auch kaum noch Spanier in Wien sind. Nur eines gibt es heute noch aus dieser spanischen Zeit: die Spanische Hofreitschule. Dort tanzen die weißen Pferde, die Lipizzaner, heute noch, als gäbe es noch einen Kaiser und ein Spanisches Hofzeremoniell.

Seite 33: Die Übergabe des Porträts der Braut oder des Bräutigams spielte in dieser Zeit eine große Rolle. In den kaiserlichen und königlichen Familien wurden ja meistens Prinzen und Prinzessinnen miteinander verlobt, die einander noch nie gesehen hatten und auch in weiter Entfernung voneinander lebten. (Er etwa am Hof von Spanien und sie am Hof von Rußland.) Die Verlobung wurde durch hohe Diplomaten bewerkstelligt, indem sie der Braut ein Porträt des Bräutigams und dem Bräutigam ein Porträt der fernen Braut feierlich übergaben. Daß die beiden auf den Bildern meistens sehr schön aussahen, ist klar. Meistens gab es eine große Enttäuschung, wenn sie sich dann wirklich kennenlernten. Aber dann war es schon zu spät, denn sie waren ja schon verlobt und oft sogar schon von fern verheiratet. Die Hochzeit war an den Königshöfen vor allem eine politische Angelegenheit, in der es nicht nur um viel Geld, sondern auch um viele Länder ging. Die Liebe war deshalb unwichtig.
Franz Stephan und Maria Theresia waren eine Ausnahme in dieser Zeit. Sie kannten sich besser als manche Brautleute heute. Und sie liebten sich so sehr, wie sich wohl kaum je ein königliches Brautpaar geliebt

hatte. Die umständliche Sache mit der Überreichung des Porträts wäre eigentlich überflüssig gewesen. Aber wer kann einen kaiserlichen Obersthofmeister schon davon überzeugen?

Seite 34: Nannerl, das heißt »Ihre kaiserliche Hoheit, Erzherzogin Maria Anna«, bekam ihren Prinzen Karl von Lothringen erst sieben Jahre später. Ein Jahr nach der Hochzeit starb sie bei der Geburt ihres ersten Kindes.

Seite 34: Als Gräfin Fuchs mit 80 Jahren 1754 starb, hinterließ sie in der kaiserlichen Familie eine große Lücke, vor allem natürlich im Herzen Maria Theresias. Als äußeres Zeichen dafür, wie dankbar sie ihrer Erzieherin war und wie sehr sie sie als Mutter ansah, ließ Maria Theresia die Gräfin in der kaiserlichen Familiengruft, der »Kapuzinergruft«, beisetzen. Sie ist bis heute die einzige »Nichtkaiserliche«, die dort zur letzten Ruhe gebettet ist.

Seite 39: Die Kurfürsten waren die wichtigsten deutschen Fürsten. (»Kur« heißt »Wahl«. Ihr kennt das Wort »Kür«.) Zur Zeit Maria Theresias gab es neun Kurfürsten, die nach alten Gesetzen (vor allem der berühmten »Goldenen Bulle« von 1356) das Recht hatten, den Kaiser des römisch-deutschen Reiches zu wählen. Drei von ihnen waren Erzbischöfe, und zwar die von Mainz, Köln und Trier. Die anderen sechs waren die Kurfürsten von der Pfalz, von Sachsen, von Brandenburg, von Böhmen, von Bayern und Hannover. Da Brandenburg zu Preußen gehörte, hatte also auch König Friedrich von Preußen eine Kurstimme, ebenso wie der jeweilige Herrscher von Böhmen (damals also Maria Theresia oder der Kurfürst von Bayern).

Seite 40: Für die, die es ganz genau wissen wollen: Schlesien hatte damals 1,4 Millionen Einwohner und brachte Preußen 4,5 Millionen Taler jährlich Steuern ein. Ein preußischer Taler war so viel wert wie eineinhalb österreichische Gulden. Zum Vergleich: ein hochbezahlter Koch der kaiserlichen Hofküche verdiente jährlich etwa 40 Gulden, berühmte Gelehrte in Hofdiensten 600 bis 1000 Gulden. Ein Schaf kostete 2 Gulden und ein Ochse 40 Gulden.

Seite 67: Einige Bilder Marie Christines kann man heute noch in den Schauräumen des Schlosses Schönbrunn sehen. Ihr berühmtestes Bild stellt die »Nikolobescherung in der kaiserlichen Familie« dar. Da sitzt der Kaiser in Schlafrock, Schlafhaube und Pantoffeln am Frühstückstisch und liest die Zeitung, während die Kaiserin den Kaffee einschenkt. Marie Christine, die große Schwester, beaufsichtigt die drei kleineren Geschwister: Ferdinand bekommt eine Rute, weil er wohl nicht brav war. Maria Antonia spielt mit der neuen Puppe. Und der kleine Max sitzt unter dem Tisch und ißt Lebkuchen.

Seite 76: Viele Jahre später, als er schon ein berühmter Komponist war und der Kaiserin seine »Maria-Theresien-Symphonie« vorspielte, erzählte Haydn ihr – immer noch ein wenig beleidigt – von diesen Prügeln.

Und Maria Theresia entschuldigte sich bei dem Komponisten und schenkte ihm zur Versöhnung eine goldene Tabakdose.

Seite 77: Dieses Geheimkabinett mit der Tapetentür kann man heute noch im Schloß Schönbrunn sehen.

Seite 87: Keine Legende aber ist folgende Geschichte: Einige Zeit später führte Mozart seine musikalischen Kunststücke auch am französischen Hof vor. Weil er mit seinem Busserl bei der großen Kaiserin in Wien solchen Erfolg gehabt hatte, versuchte er ähnliches auch in Versailles. Er sprang munter auf die vornehmste aller anwesenden Damen des Hofes zu (es war die Marquise von Pompadour, die Vertraute König Ludwigs XV., die am französischen Hof viel zu sagen hatte und fast eine richtige Königin war). Wolfgang wollte ihr auch ein Busserl geben und ihr auf den Schoß klettern. Die Marquise wehrte ihn entsetzt ab, kreischte vor Empörung und schimpfte auf französisch den Buben aus. Er ließ sich aber nicht einschüchtern, wurde auch böse und sagte unwillig (glücklicherweise auf deutsch, was die Pompadour nicht verstand): »Wer ist die da, daß sie mich nicht küssen will? Hat mich doch die Kaiserin Maria Theresia geküßt!«

Seite 99: Der Bub, über dessen Geburt sich Maria Theresia so freute, erhielt den Vornamen Franz nach seinem Großvater. Und da der Großvater Kaiser Franz I. war, wurde sein Enkel Kaiser Franz II. Als Franz II. 1804 aber den Titel eines »Kaisers von Österreich« annahm, war er als österreichischer Kaiser Franz I., als römisch-deutscher Kaiser bis 1806 Franz II.!

Seite 107: Ein »Schuh« ist ein altes Maß wie der »Fuß«. Er ist ungefähr so groß wie ein Männerfuß, und wie die Größe der Männerfüße, so schwanken auch die Angaben, wie groß genau das Maß »Schuh« und »Fuß« ist. In Bayern gab es ein anderes Maß als in Preußen und Dänemark und Frankreich. In Österreich maß ein »Schuh« 31,608 Zentimeter. Die Riesin Theresia war mit 7 Schuh also 7 x 31 = 217 Zentimeter groß.

Hans E. Giehrl

GESTERN UND DIE ZEIT DAVOR

Vom Höhlenmenschen ins 20. Jahrhundert

400 Seiten mit vielen
farbigen Illustrationen von Christine Kreiner

Hans E. Giehrls Geschichtsbuch für Kinder erweckt Neugier und Interesse für die Vergangenheit. Denn es ist kein »Lehrbuch« der Geschichte, sondern eine spannende, lebendige Beschreibung vom Leben der Menschen in früheren Zeiten – wie sie arbeiteten, wie sie wohnten, was sie aßen, wie sie sich kleideten, was sie erfanden, um ihr Leben leichter und schöner zu gestalten.
Hunderte detailreiche Illustrationen, überwiegend in Farbe, ergänzen den Text.
Anhand der »Alltagsgeschichte« werden die wichtigen Epochen in der Geschichte Mitteleuropas den Kindern vertraut, denn hier lesen und sehen sie, was sie wirklich interessiert – von der Mammutjagd der Steinzeitmenschen bis zur Erfindung der Rakete.